Mujer Material

y

Espiritual

Soy lo que quiero ser y quiero ser lo mejor del mundo.

DIANA PAIVA

MME Mujer Material y Espiritual

Copyright © 2025 Diana Paiva

Todos los derechos reservados.

ISBN: 9798309049479

DEDICATORIA

Esto va dedicado a mi maravilloso ser, porque con todas las energías invertidas en esta experiencia ahora sé que las cadenas son para romperlas, no para llevarlas.

Y como decía un sabio moderno que escuché por ahí: todo lo que digo para ti, estoy hablando también para mí.

A todas esas magníficas mujeres guerreras que cada día levantan su voz y su espíritu, desafiando los moldes oxidados del "deber ser" para encontrarse a sí misma en su máxima potencia en este alocado universo, que nos zarandea entre el caos y la calma.

Sabíamos que no sería fácil, pero aquí seguimos, descifrando los secretos antiguos de la existencia con una sonrisa y un "al diablo lo convencional" en el corazón.

Que mi libro sea un grito y un susurro al mismo tiempo, para quienes buscan no solo existir, sino trascender y vivir viviendo para no morir sin vivir.

¡Salud por nuestra evolución constante y por las realidades que aún están por cambiar!

AGRADECIMIENTOS

Quiero expresar mi más sincero agradecimiento a mi madre, la increíble generadora de mi existencia por darme la vida y la oportunidad de ocupar este espacio en la realidad de nuestra era. A todas mis figuras paternas porque sin ellos mi camino no estaría completo.
A todas las almas que han iluminado mis pasos. A las mujeres valientes que caminan a mi lado, que comparten su historia y luchan incansablemente por un mundo mejor; su energía y determinación son un faro en esta travesía.
Gracias al universo gracias por las lecciones disfrazadas de jefes difíciles, amores no correspondidos y cenas familiares interminables, por cada lección envuelta en dificultades y experiencias cotidianas, que me han mostrado el poder que llevaré siempre en mí. A cada relación que ha cruzado mi senda, por moldearme y a mi esposo que a veces yo lo estiro y otras Él me empuja hacia adelante.

Este libro es un tributo a todas ustedes, al amor y la fuerza que reside en nuestras identidades materiales y espirituales. ¡Sigamos creando juntas la realidad que deseamos y merecemos!

CONTENIDO

Introducción
REDESCUBRIENDO la dualidad
FEMENINA
Lo material y lo espiritual
Propósito del libro y cómo utilizarlo

1   Todo es Chisme: La Ley del Mentalismo   pág 1
y el Poder de la Mente Femenina"
-Vamos a practicar algo.
-Ejercicios prácticos.
-Introducción a la dualidad: Lo material y
lo espiritual.

2   La Vida es una Montaña Rusa: La Ley de   pág.9
Correspondencia y el Estrés de Ser
Mujer.
Como es arriba, es abajo: Conexión entre
el micro y el macrocosmos.
-Reflexiones sobre la relación entre tu
interior y tu entorno.
-Despierta, Guerrera Dormida.
-El Primer Paso: El Autoconocimiento.
-Los Traumas de la Infancia: Liberando el
Lastre.
-La Rebelión Contra las Inseguridades.
-Ley de la Atracción: la infame.

-Ejercicios de manifestación.
-Ejercicio extra: Diario de correspondencias personales.

3 Energía y Vino: La Ley de Vibración y el Arte de Atraer a los Buenos. pág.28
-Todo tiene una vibración: La importancia de nuestras emociones.
-Cómo elevar tu frecuencia vibracional
-Resonancia: ¡Tu Vibración puede Cambiar el Mundo!
-No te Desanimes: La Magia Sucede en la Perseverancia.

4 El termómetro de las energías. La ley de Polaridades del amor al odio en todas las gamas de colores. pág35.
-Las dos caras de la misma moneda y los niveles de intensidad.
-Plano mental: amor y odio.
-Lista de 10 emociones con sus polaridades opuestas.
-La importancia de aceptar y comprender dualidades.
-Ejercicio: Identificando polaridades en tu vida.

5 Mensajes Ocultos en el Caos: La Ley del Ritmo y la Danza de la Vida. pág.42
-Flujos y reflujos: desde la cima del

mundo hasta el fondo del océano.
-La Danza del Péndulo: El Arte de Surfear las Olas de la Vida.
-Cómo navegar los ciclos y mantener la estabilidad.
-Ejercicio: Reflexionando sobre los ritmos personales.

6 ¿Drama? ¡Solucionado!: La Ley de Causa y Efecto y Cómo Nuestras Elecciones Crean la Mejor Telenovela de Aventuras. pág.48
-La decisión es tuya chica!
-Comprender cómo nuestras decisiones crean realidades.
-Reflexiones sobre responsabilidad y empoderamiento.
-¡Reinas del Mundo, Gobernemos Nuestros Efectos!
-Ejercicio: Análisis de decisiones pasadas y sus efectos.

7 El Séptimo Gran Principio: El Poderoso Baile del Género en el Universo Manifestando la Abundancia. pág.56
-La energía masculina y femenina detrás de toda la creación.
-Encontrando el equilibrio y armonizando estas energías.
-El Mal Carácter de la Reina de Corazones: Un Torbellino de Energías en Acción.

- Manifestaciones de las Energías Masculina y Femenina en la Vida de una Mujer.
- Inversiones de Energías: Cuando la Femenina se Vuelve Masculina y Viceversa.
- Ejercicio: Identificando tu energía predominante
- El Dinero en su Expresión Femenina y masculina
- Mi relación con el dinero: ejercicios

9   Construyendo Comunidad   pág.74
La importancia de rodearse de personas afines
- Creando espacios de apoyo y crecimiento para mujeres
- Ejercicio: Creación de una red de poder

8   El Mundo es Nuestro Escenario!   Pág,78
El Empoderamiento.
- La voz de la mujer en el mundo actual
- Rompiendo barreras: Historias de mujeres inspiradoras
- Cómo apoyarte en otras mujeres en tu camino hacia el equilibrio
- Ejercicio de empoderamiento entre mujeres

10 Caminos hacia el Futuro   pág.82
-Cómo mantener el equilibrio a lo largo del tiempo
-Reflexiones finales sobre el viaje personal
-Mensaje final para continuar en el camino

11 Recursos Adicionales   pág.86
Herramientas y materiales que me han acompañado
-Libros
-Podcast y audiovisuales
-Tu viaje está apenas comenzando

Conclusión   pág.96

Biografía   pág.98

INTRODUCCIÓN

Redescubriendo la dualidad FEMENINA: lo material y lo espiritual

¡Hola guerrera! Sí, tú, la que está cansada de las creencias limitantes que nos han vendido desde siempre. La verdad es que ser mujer es una maravilla, pero también puede ser una montaña rusa emocional, especialmente cuando se trata de equilibrar lo que queremos lograr en el mundo material y lo que realmente buscamos en nuestro interior.

La típica historia de que hay que elegir entre ser una jefa imparable en la oficina o una yogui zen en la cima de una montaña es un cuento de hadas que ya no pega. ¡Basta de tonterías! Aquí, vamos a hacer las paces con esta dualidad increíble que, forma parte de nuestra esencia.

Lo material son nuestras ambiciones, sueños y esa búsqueda de un lugar en el mundo físico. Lo espiritual es nuestra conexión profunda con lo que somos realmente, nuestra intuición y nuestras creencias. Y sí, esas dos pueden y deben coexistir para hacer un combo espectacular.

Propósito del libro

El propósito de "Mujer Material y Espiritual" Soy lo que quiero ser, y quiero ser lo mejor del mundo. es regalarte un mapa del tesoro y herramientas prácticas para que dejes de lado esas ideas arcaicas y abraces tu poder.

Vas a descubrir que cada experiencia, desde conseguir un ascenso hasta meditar con tus amigas, puede ser una oportunidad para expandirte. Aquí no hay reglas estrictas, solo un camino lleno de posibilidades. Quiero que sientas que puedes ser ambiciosa y espiritual, y que ambas partes te hacen brillar aún más.

Cómo utilizar este libro

Lectura Reflexiva: Este no es un libro para devorar en un día, ¡eso es para novatos! Usa este espacio para reflexionar, subrayar y tomar notas que sean solo para ti. Déjate impactar por cada palabra y siente cómo las ideas se asientan en tu ser. De verdad. Prepárate. ¡Será un impacto amoroso!

Ejercicios Prácticos: Cada capítulo viene con ejercicios que son como la cereza que amo del pastel. Si no te gustan las cerezas puedes elegir otra cosa sobre el pastel. ¿Estamos claras...?
Pruébalos y deja que te lleven a nuevas alturas. Porque, seamos sinceras, no hay mejor manera de aprender que con la práctica.

Espacio Personal: Este viaje es tuyo, así que crea un lugar que te inspire. Ve a tu lugar favorito, o pon tus mejores velas, inciensos, pon tu música de relax o simplemente siéntate en silencio. Lo que necesites para abrirte a las ideas que están por venir.

Comunidad: No estás sola en esto. Comparte tus descubrimientos y locuras con otras mujeres. La solidaridad femenina es un poder que no puedes subestimar. ¡Organiza un grupo de WhatsApp, un cafecito o una noche de desahogo! Y márcame en redes sociales. Obvio.!

Compromiso Contigo Misma: Así es guerrera; comenzamos con las responsabilidades y este libro es una promesa a ti misma. Cada paso que des, por pequeño que sea, cuenta. ¡Así que ponte los pantalones o la falda y lánzate a la aventura!

Aquí comienza tu viaje para derribar mitos y crear una vida que sea tan espectacular como tú. La dualidad femenina se manifestará en tu ser, no tengo ninguna duda, y lo que antes parecía una lucha será la danza hermosa entre lo material y lo espiritual. ¡Así que vamos a romper moldes y a vivir la vida que merecemos!

CAPITULO 1
TODO ES CHISME: LA LEY DEL MENTALISMO Y EL PODER DE LA MENTE FEMENINA

Porque, amigas mías, el desfile de telenovela que tienes en la cabeza puede ser la versión VIP de tu vida, ¡Así que deja los dramones de sobaco sudado y ponte a pensar en grande!

«EL TODO es MENTE; el universo es mental.» Este cachito de sabiduría nos deslumbra con la verdadazo de que «todo es mente». Básicamente, el TODO (esa realidad alucinante que se esconde detrás de cada cotilleo visual como el universo material, la vida misma, materia, energía y todo lo que nuestros sentidos mundanos pueden percibir) es ESPÍRITU. Y ojo, que este cosmic animal spirit es un misterio absoluto e indescriptible. Pero imagínatelo como una mente universal, infinita y con más vida que una fiesta de año nuevo. Puedes llamarle Diosito cuando agradeces o

necesitas algo, y cada religión tiene al suyo, a veces incluso pueden ser más de uno que se complementan para crear el TODO. Pero no necesitamos pelear por ello.
Porque podemos imaginar que es el mismo, y como veras más adelante, formamos parte de toda esa gran divinidad.

¡¡Por eso todo esto que estamos experimentando es posible hermosa creadora!!

Por lo tanto, todo el tinglado del universo es una creación mental del TODO. Y sí, estamos hablando del espectáculo de luces que es nuestra existencia en la mente del TODO mismo. Es como si el universo fuera nuestra pista de baile, donde vivimos nos movemos y le damos al perreo místico.

¡Así que libérate de esos dramas baratos y conviértete en la reina de tu propio show! 💃 ✦

El primer peldaño de este emocionante viaje hacia tu evolución total. ¿Has escuchado alguna vez que "la mente crea la realidad"? Pues, más te vale empezar a tomarlo en serio. La forma en la que piensas, sientes y abres la boca tiene un impacto directo en cómo se manifiestan tus sueños y deseos.

El TODO no diferencia entre la realidad y la ficción. Y como dice Brian Tracy, si te levantas un día y repites mucho, "me siento fantástica" "me siento fantástica" "me siento fantástica" "me siento fantástica" aunque te sientas terrible "me siento fantástica" el universo dirá, ¿qué te sientes fantástica? Ok. VAMO A DARLE…! y no tendrá más remedio que mandarte un impulso de energía para que te sientas fantástica

¿No me crees?

Haz el intento desde esta noche antes de ir a dormir, acuéstate y dilo. "Me siento fantástica" algunas veces y en la mañana siguiente al despertarte continua con la frase "me siento fantástica" "me siento fantástica" "me siento fantástica" "me siento fantástica" "me siento fantástica", yo creo que podrás sentir una verdadera diferencia. Y no seas necia. Dame el crédito, porque hasta vas a dormir mejor.

Bueno, o tal vez quieras quejarte a la vida por las cosas que no están saliendo como esperabas, pero sinceramente, eso solo te llevar a ponerte azul.

El mentalismo es el principio básico que nos recuerda que nuestras ideas y creencias son como semillas que lanzamos al jardín de nuestro ser. Si decides sembrar pensamientos positivos, creativos y expansivos, ¡prepárate para cosechar maravillas! Pero, si prefieres dejar que la duda y el negativismo se apoderen de ti, lo único que correrás riesgo de cosechar será un camión de malas hierbas. Así que, querida, ¡es hora de dejar de lado esa mentalidad de "no puedo" y empezar a hacer algo increíble!

¿Te suena familiar repetir "SOY UN COMPLETO DESASTRE" mientras te miras al espejo? ¡BLOQUEADO, BLOQUEADO, BLOQUEADO!

Calla esa voz negativa que no es más que una intrusa disfrazada de crítica. YO SOY UN HERMOSO DESASTRE Y ESTOY EN ORDENAMIENTO.
Toma la maldita varita mágica de tu mente y empieza a transformar esas creencias limitantes en afirmaciones que realmente te empoderen. ¡Es como hacer magia, pero solo con tu mente!

VAMOS A PRACTICAR ALGO:

Al grano con la visualización y las afirmaciones, estas dos son tus mejores amigas en esta travesía. La visualización es ese ingrediente mágico que han usado las grandes mentes y que sorprendentemente, tú también puedes usar.
Así que cierra los ojos y créete la reina del mundo al menos 3 veces al día. No tengas miedo de imaginarte viviendo en un pent-house con vistas al mar o lanzando tu propio negocio. Si no te atreves a soñar en grande, ¿para qué te molestas?
Respira profundamente, puedes cerrar los ojos, y pensar en la mujer que quieres ser, donde quieres estar, como quieres vestirte, el cuerpo que quieres tener, color de cabello, ¡¡TODO!!

A ver... Hazlo.!

NOO, NO! OYEEEE, SONRIE UN POCO!

deja esa cara de amargura

Quieres un trabajo nuevo? ¿Un salario más jugoso? ¿Que tus hijos te respeten? ¿Que tu pareja resuelva? ¿Tiempo para unas vacaciones? O incluso ese auto nuevo en tu garaje...!

Giiiirl, necesitas empezar a sentirlo cerca...!!

Y no olvides tus afirmaciones. ¿Sabes esas declaraciones positivas? Sí, las que parecen una payasada, pero que en realidad pueden cambiar tu vida.
Es hora de cambiar "No sirvo para esto" por "Yo puedo aprender esto", "Así es la vida" por "Mi vida es como yo quiero". La repetición de estas afirmaciones debería ser como un golpe en la cabeza, para que te olvides de ese inseguro, pobre o infeliz "Yo"

EJERCICIOS PRÁCTICOS:

1. **Visualización activa**: Dedica al menos 1 minuto cada mañana a cerrar los ojos e imaginar tu vida ideal. No te limites; siéntate en esa silla de lujo en la playa y saborea la libertad, con un mojito en la mano, perfecciona tu visualización en cada ocasión, como si estuvieras dibujando un cuadro. Perfecciona, no la andes cambiando cada vez. Haz una decisión por dios.!

2. **Afirmaciones diarias:** Piensa en tres afirmaciones poderosas y mortales, y pégalas en tu espejo. Por ejemplo, "Soy una emprendedora EXITOSA" o "Todo lo que necesito está en el universo disponible y accesible para mí". "me siento super poderosa y millonaria" ¡Repite estas afirmaciones como si te estuvieras preparando para un combate épico!

INTRODUCCIÓN A LA DUALIDAD: LO MATERIAL Y LO ESPIRITUAL

Ahora que estás sacando filo a tu mente cual katana en manos de Uma Thurman en Kill Bill, hablemos de esa dualidad que nos hace únicas y poderosas: lo material y lo espiritual. Toda la vida nos han querido encajar en la idea de que debemos escoger entre ser una ejecutiva que pisa fuerte o una ermitaña zen en medio de un retiro. Y yo digo, ¿por qué carajos no podemos ser ambas? ¡Eso es tan anticuado como un jean de patas anchas! Bueno, a mí también me gustan los flare jeans, pero anyway...

El mundo material es ese deseo feroz de triunfar en el escenario meramente mundano, ya sea con una torre de zapatos que dé envidia hasta a Carrie Bradshaw o con un currículum que dejé a tooodos boquiabiertos. Lo espiritual, en cambio, es esa charla profunda que tienes contigo misma, esa chispa divina que te conecta con tu propio ser, con tus creencias y traumas, incluso esa bruja hechicera oculta y esa brújula interna que siempre apunta al norte verdadero.

Cuando abres las puertas a ambos mundos, comienza el concierto de tu vida. Esta dualidad no es una batalla, ¡es un escenario donde tú eres la diva del espectáculo! Al juntar tus sueños materiales con tus aspiraciones espirituales, descubrirás que hay el doble de diversión y emoción aguardando. Así que, vamos, deja la lucha interna. Para ganar money e invitarlas a todas a un brunch y pasarla bomba. 🍸 ✨

Recuerda, el mentalismo femenino es el primer paso hacia tu transformación. Al tomar el control de tus pensamientos y sentimientos, estás dando un salto cuántico hacia la vida que realmente mereces. Así que, levanta la cabeza, respira hondo y prepárate para manifestar tu realidad. Es hora de dejar atrás el papel de víctimas y pasar al de protagonistas de nuestras propias historias.

La vida está llena de desafíos, pero NO somos hojas llevadas por el viento; somos las directoras de nuestro propio destino. Esas que se levantan después de cada caída con más fuerza, que ven los problemas como oportunidades para crecer y que no tienen tiempo para dramas sin sentido. Así que, a poner música de Queen, porque nos movemos al ritmo de "We Will Rock You" y no hay nada ni nadie que nos detenga. ¡Vamos a por todas! 🎸 🎶

CAPÍTULO 2
LA VIDA ES UNA MONTAÑA RUSA: LA LEY DE CORRESPONDENCIA Y EL ESTRÉS DE SER MUJER DESDE EL MICRO HASTA EL MACROCOSMOS

¡Porque lo que es arriba es como lo de abajo! Y así es como a veces nos sentimos en las nubes y en la tierra al mismo tiempo!

¡Bienvenida de nuevo, Reina del universo! Nos topamos con un principio que grita verdad absoluta: existe siempre una correspondencia entre lo que pasa en el microcosmos de nosotras y el macrocosmos del universo. Este principio universal dice: "como es arriba, es abajo; como es abajo, es arriba."

Y captar este principio es un secreto poderoso para descifrar las paradojas y misterios de la vida. Aunque hay dimensiones que están más allá del alcance de nuestros memes cerebrales, el principio de correspondencia nos permite colarnos en esa fiesta exclusiva y entender lo que antes era inentendible. Este principio es universal y abarca desde el plano material hasta el espiritual. Los antiguos filósofos lo veían como una herramienta mental esencial, Así como la geometría y astronomía nos ayuda a medir estrellas sentados desde un observatorio, el principio de correspondencia nos permite comprender lo desconocido desde lo que sabemos. Tipo de tal palo, tal astilla, ¿me sigues?

En otras palabras, lo que sucede en tu mundo interno se refleja en tu mundo externo. Si tu mente es un hervidero de caos, ¡no te sorprenda que tu vida se sienta como el último round de una pelea de la WWE!

Es hora de dejar de pensar que tus circunstancias te definen. ¡No señora! A menudo, nuestra vida se convierte en un espejo de lo que realmente creemos de nosotras mismas. Si piensas que eres una maldita guerrera capaz de conquistar el mundo, el universo no tendrá más opción que aplaudirte y animarte a seguir. Pero si piensas que eres una víctima de las circunstancias, bueno, cariño, eso es exactamente lo que seguirás siendo.

Así que, ¿qué tal si comenzamos a hacer algunas modificaciones internas? Encuentra el valiente que llevas dentro y empieza a trabajar en ti misma. Porque, déjame decirte, si no estás dispuesta a hacer cambios en tu interior, ¿cómo esperas que el exterior mejore? ¡Es hora de dejar de ser un simple espectador en tu propia vida!

REFLEXIONES SOBRE LA RELACIÓN ENTRE TU INTERIOR Y TU ENTORNO

La relación entre tu ser interno y tu entorno es como un baile; a veces es un tango ardiente, y otras, un vals descoordinado. Lo que sucede dentro de ti determina cómo percibes y experimentas el mundo exterior. Si estás en un lugar oscuro dentro de tu mente, es probable que el mundo a tu alrededor se sienta opresivo y pesado. Pero si estás brillando como una estrella, ¡oh, nena, el mundo también se iluminará!

Cada emoción, pensamiento y creencia que nutres impacta tu entorno. Así que, si sientes que la vida te ha dado una mala jugada, pregúntate sinceramente: "¿Qué es lo que estoy proyectando al mundo?" Empieza a tomar conciencia de tus pensamientos y emociones. A veces, es más fácil que un viaje de spa, y otras veces, es más desafiante que intentar aprender a surfear. Pero, hey ¿qué es la vida sino una serie de olas que hay que montar?

Entendiendo al caos orquestado de nuestras vidas, donde más de una vez hemos sentido que nos han vendido un cuento torcido de princesas que esperan ser rescatadas. Y aquí estoy yo, con una taza de café a medio terminar, lista para revelarte el secreto que nadie te contó: tú no necesitas más cuentos, lo que necesitas es CONOCERTE. Así que, siéntate y abróchate el cinturón, porque vamos a un viaje profundo y doloroso sin retorno hacia el autoconocimiento.

DESPIERTA, GUERRERA DORMIDA

¿Alguna vez te has sentido como si estuvieras atrapada en un episodio interminable de una telenovela donde el drama es constante y la protagonista, es decir, tú, parece no encontrar el camino hacia un final feliz?

Pues bien, mi querida hermosa, prepárate, porque estamos aquí para darle la vuelta a todo eso. Este es tu año para convertir esas derrotas en victorias, para replantear tu historia y, definitivamente, para liberar tu verdadero poder sin filtros ni concesiones.

EL PRIMER PASO: EL AUTOCONOCIMIENTO

El autoconocimiento es un espejo mágico en el que te miras y, por fin, reconoces a la heroína que siempre has llevado dentro. No se trata de simplemente encontrar tu esencia; es un grito de guerra para redefinirte.

Empieza por preguntarte: ¿Qué parte de mi vida se siente como un déjà vu constante? ¿Por qué sigo aceptando situaciones o personas que no me hacen florecer? Al encender esa chispa de curiosidad, comienzas a despegar los lentes oscuros de la autopista de la negación.

LOS TRAUMAS DE LA INFANCIA: LIBERANDO EL LASTRE

Yeap, esos traumas de la infancia, el eco silencioso de voces pasadas que nos susurran que no somos suficientes o que repetimos patrones, como si estuviéramos atrapadas en un bucle eterno.

Tal vez era el constante "sos una señorita, compórtate como tal" que te atosigaba de pequeña, o quizá, el "tenés que ser obediente para que mamá/papá te quieran" que se coló en tu subconsciente durante algún día de juegos olvidado. Y ahí están, manifestándose en tu vida adulta con elecciones que no entiendes o relaciones que te dejan vacía. Como si cargaras un bolso lleno de ladrillos invisibles.

Respira profuuuuundo e imagínate por un segundo vaciando ese bolso tan pesado que lleva tu preciosa y poderosa niña interior.

Mark Wolynn, en su libro "It Didn't Start with You" (En español: Este dolor no es mío, suena mejor que la traducción literal), revela cómo esos traumas se pasan como una antorcha entre generaciones.

Aprende a reconocerlos para poder apagarlos de una vez por todas. No te preocupes, no estás sola en esto; es parte del camino hacia una vida más auténtica y plena.

REFLEJOS EN TU REALIDAD

Estos reflejos son como un acordeón desafinado, siempre tocando la misma nota molesta. ¿Sientes que tu vida amorosa es un desastre cíclico? Quizás esos ecos te han llevado a buscar validación en el lugar equivocado. ¿Tu carrera no despega? Ese miedo al fracaso pudo haber sido inoculado en ti cuando apenas sabías lo que querías de la vida. Pero escucha esto: puedes cambiar esta melodía todos los días.

Y esta es la mejor noticia.
TODOS LOS DÍAS ES UNA OPORTUNIDAD PARA RECOMENZAR.
Tienes el poder de realizar una desprogramación total de esos mensajes no deseados, y reescribir lo que significa ser tú misma.

Y como aquí pensamos en todo vamos a ver cuáles son algunos (a) patrones ocultos en tus hombros o (b) algunos traumas de tu corazoncito y tu cabecita, que podemos tener en cuenta, Dime que cual podría ser el tuyo en @mme_libro (redes sociales)

1a. La Perfeccionista Increíblemente Exhausta

Desde pequeña, escuchaste comentarios como "los errores no son aceptables, debes aprender a hacer excelente" o "siempre tienes que ser la mejor en todo lo que haces". ¿El resultado? Una adulta que no se permite fallar, que se atrinchera en el estrés perpetuo de querer ser impecable. Es la trampa del "nunca es suficiente", donde cada pequeño error se magnifica y donde tu valor parece depender de no mostrar nunca una grieta. ¡Hora de atención para romper ese molde y decir adiós a la dictadura de la perfección!

2a. El Fantasma de la Desvalorización

Quizás te criaste sintiendo constantemente que tus opiniones no importaban o que tus logros eran invisibles. Esto se traduce en una mujer adulta que evita levantar la voz en reuniones, que constantemente se infravalora, o que se queda en relaciones unilaterales, aceptando menos de lo que merece. Es como vivir bajo una niebla de autoduda que te roba el protagonismo. ¡Es hora de apretar ese botón de stop y animarte a darle personalidad a tu vida!

3a. La Complaciente Infatigable

Criada para agradar a todos, sientes que tu única misión es mantener la paz y satisfacer a los demás, hasta a costa de tu propio bienestar. Te conviertes en una experta en dejarte para luego, en priorizar las necesidades ajenas sobre las tuyas. Pero déjame decirte algo, guerrera: el verdadero camino hacia la satisfacción es aprender a decir NO a veces aun que signifique sentir que serás rechazada. Mira.. la verdad es que no, pero si no lo intentas, no lo sabrás. Y no dejarás de ser una buena persona por decir NO. A plantar bandera donde verdaderamente quieres estar. Tu bienestar no es negociable.

4a. La Eterna Escapista

Para evitar enfrentar dolor o conflictos reales, tal vez te has refugiado en el trabajo excesivo, en relaciones superficiales, o en el desplazamiento continuo de una meta a otra, la comida, el alcohol, drogas o medicamentos para dormir. Este patrón se convierte en una carrera interminable, sin permitirte disfrutar el momento presente. El miedo al conflicto genera una realidad donde nunca te sientes 'a gusto'. ¡Es de valientes asumir la realidad! Enfrenta tus sombras y verás cómo el mundo cambia de color.

Todos estos patrones tienen algo en común: son herencias no solicitadas que puedes elegir dejar ir. No son parte de tu esencia real, sino historias antiguas que están listas para ser reescritas. Ármate con esa energía, porque cada paso que das para liberarte de ellos te acerca más a la vida que realmente mereces. ¡Vamos por esa vida vibrante y auténtica!

1b. La Broma que Marcaron la Agenda

Puede que solo haya sido un comentario en tono de broma, un primo burlándose de tu forma de bailar o un maestro que desestimó tus sueños con una risita. Te ríes, ¡pero adivina qué! Esa risita se va clavando en tu mente, creando un chip de inseguridad que florece cuando intentas ser creativa o disfrutar de la vida. ¡Puedes verlo!? La próxima vez que te debatas entre bailar en público o no, recuerda que la risa debería ser tu aliada, no tu verdugo.

2b. El Olvido del Gran Logro

¿Recuerdas esa vez que lograste algo increíble, como ganar un premio en la escuela o simplemente lograr un objetivo que te costó trabajo? Y entonces, tus padres estaban tan ocupados con las noticias de la familia o con sus propias preocupaciones que apenas lo notaron. Esa falta de reconocimiento, aunque parezca pequeña, resuena profundamente. Te puede hacer sentir que tus triunfos no importan, llevándote a buscar validación en lugares equivocados o con personas equivocadas. ¡Tus logros SON VALIOSOS y merecen ser celebrados, así que comienza a aplaudirte a ti misma!

3b. La Pequeña Callada en la Esquina del Aula

Te acuerdas de aquella vez que, en el recreo, un grupo de niñas decidió no incluirte en el juego. Aquello fue un momento insignificante para ellas, pero para ti, fue un golpe directo. Esa sensación de exclusión te puede hacer llevar una coraza en la vida adulta, evitando abrirte a nuevas amistades por miedo a que te repitan la amarga experiencia. Es hora de romper esa coraza y lanzarte al mundo. ¡La amistad auténtica es un tesoro que mereces mi amor!

4b. El "Demasiado" y el "Nunca"

Si de pequeña, una figura importante te etiquetó de "demasiado inquieta" o "nunca estás satisfecha", estás cargando con un estigma que puede impedirte ser tú misma. Puedes sentirte atrapada en un ciclo de autorreproche, donde culpas a tu energía o a tu curiosidad de tus tropiezos. ¡estas loca!? La próxima vez que alguien quiera etiquetarte, recuerda que ser "demasiado" es simplemente ser intensamente auténtica y que esa energía es la que te impulsará a cosa increíbles. Enfócate en hacer de tu energía una vida maravillosa.!

5b. El Fantasma del Silencio y la Represión

Quizás, tus padres en lugar de hablar sobre los problemas decidieron hacer "la gran del silencio". No discutían las emociones ni se abrían al diálogo, y tú, como pequeña esponja, absorbías la idea de que no se debían mostrar las emociones. Esto te sigue afectando en tus relaciones adultas, donde las palabras se vuelven un desafío y las conversaciones profundas, un terreno hostil. ¡Es tiempo de que vuelvas a sentir y expresarte! ¡Saca esas emociones y deja que fluyan libremente! O serás una bomba a punto de estallar cada semana irremediablemente.

¡Conviértete en una mujer que resuelva! Pero que resuelva sus traumas de la infancia

Cada una de estas experiencias, no importa cuán pequeñas parezcan, sueltas como pequeñas piedras en el camino, pueden crear las cicatrices que llevamos. Pero aquí está el giro empoderado: tienes la fuerza para reconocer, reencuadrar y transformar esas experiencias. Mira hacia atrás, toma esas historias, revélalas, y reescribe tu guion. ¡No dejes que el eco de esos tiempos pasados te defina hoy! Repite conmigo ¡soy la fuerza de la transformación imparable y estoy lista para renacer!

LA REBELIÓN CONTRA LAS INSEGURIDADES

¡Ayy, las inseguridades! Esas compañeras incómodas que se esconden en nuestro clóset emocional, justo al lado de esos jeans ajustados que juramos volver a usar algún día.

Pero esas inseguridades no son más que desafíos en potencia, esperando a ser convertidos en nuestros mayores logros. No estamos aquí para susurrar palabras amables sobre aceptación. ¡Estamos aquí para ponernos la armadura de la AUTOESTIMA y conquistar nuestras inseguridades!

Aquí te traigo un banquete de inseguridades que a menudo nos atormentan, junto con estrategias empoderadas para enfrentarlas de frente.

1. "No me gusta mi cuerpo"

¡Vamos! En lugar de quedarte atrapada en ese espejo retrovisor de críticas, lánzate al gym o al parque más cercano para una dosis de caminata revividora. ¡Dale a tu cuerpo un oasis de energía! Además, juega con la moda: encuentra ropa que celebre tus curvas y tu figura. Al final, no se trata de moldearte; se trata de adorarte tal como estás mientras transformas lo que desees.

2. "No se hablar en público" "Mi voz tiembla al hablar en público."

Nada acabará contigo si tú no dejas que lo haga. Empújate a la acción e inscríbete en clases de oratoria y haz que esa voz temblorosa sea tan estable y fuerte como tu voluntad. Conviértete en la voz clara y poderosa que una reunión o un podcast necesita. Aprende como hacerlo de manera asertiva para dar un mensaje claro sin sonar demasiado agresiva pero que inspire respeto y atención, habla en alto hasta que te canses de escucharte (y todos los demás también lo hagan, para bien). Porque cuando empiezas a hablar con confianza, demuestras que lo que tienes que decir es importante y valioso.

3. "Nunca tengo nada interesante que decir en reuniones" "No soy suficientemente inteligente."

¡Revoluciona tu rutina! Dedica un poco de tiempo cada semana a explorar un tema nuevo. Inscríbete a un curso online, visita museos o simplemente lee artículos sobre algo que desconoces. Así llenas tu arsenal de temas interesantes y sorpréndete lo que eres capaz de decir y pensar. Aprende algo nuevo cada día. No hay mejor venganza contra esta inseguridad que llenar tu arsenal de conocimientos. ¡Porque cuando un cerebro es alimentado, su dueña es imparable!

4. "Soy demasiado sensible"

¿Ser sensible es malo? ¡Por favor! La sensibilidad es una superpotencia mal entendida. Úsala para conectar profundamente con los demás. Habla sobre tus emociones en un diario o en grupos de apoyo, conéctate con esa fuerza interior que es empática, que escucha y usa tu poderosa sensibilidad para una charla motivadora, ¡y observa cómo floreces!

5. "Temo al cambio"

La vida es cambio, amiga. El cambio es movimiento y el movimiento es vida. Tómate pequeños riesgos controlables: cambia la ruta al trabajo, prueba un nuevo plato en un restaurante, o actualiza tu peinado. Enfrentar estos pequeños desafíos te dará la certeza y confianza para abordar los grandes cambios con más seguridad.

6. "No soy suficientemente creativa"

¿Quién lo dice? Busca una clase de arte, de escritura improvisada o de baile. Experimenta hasta con la decoración de tu hogar. La creatividad no es un don, es una práctica diaria que puedes cultivar hasta que se convierta en una de tus mejores armas.

7. "No encajo en ningún lado"

La clave está en encontrar TU tribu. Únete a grupos de intereses compartidos, ya sea en línea o en tu comunidad. ¡Descubrirás que hay muchas personas ansiosas por conocerte y compartir sus pasiones contigo! Además, estar con quienes te entienden es un regalo que debes aprender a recibirlo.

8. "No soy lo suficientemente buena en mi trabajo."

¡Y otra vez, no! La única competencia real es contigo misma. Busca un mentor, toma cursos, solicita feedback, pero, sobre todo, reconoce tus logros. Levanta la barbilla y camina como la profesional que realmente eres. Eso sí, asegurándote de que nadie pise tu sombra.

9. "No soy lo suficientemente valiente para emprender"

Divide tus metas en pasos más pequeños y manejables. Empieza por aprender de otros, tomar un curso sobre negocios o desarrollar un plan de acción que puedas seguir. La valentía se cultiva un paso a la vez. ¡Así que lánzate como si tu vida dependiera de ello, porque quizás así sea!

10. "No sé cómo manejar el dinero."

Vaya, del pánico financiero no hay quien se salve, pero estoy segura de que puedes tomar al toro por las astas. Tu vida es tu propia empresa. Ahora, ¿¡dónde está esa CEO!? Lee sobre finanzas, asiste a talleres, haz un plan de ingresos y egresos, y sigue un presupuesto mensual incluso puedes pensar en uno anual, planea tus inversiones en estudios o cursos como toda empresaria de respeto, coleccionar aprendizaje solo te convierte en una biblioteca, and that's ok. Buuuut we want MONEY.

Así que búscale la rentabilidad a todo, si no eres amiga de Ariana Grande. La libertad financiera es una de las mayores formas de empoderamiento, y ¡sorpresa! Tú eres completamente capaz de lograrla.

11. "Mi pasado me define"

El pasado es solo un relato que te cuentas a ti misma. Cambia la mala o triste historia. Usa tu pasado como inspiración y superación, haz los malditos deberes y supéralo. Recuerda que donde has estado no determina a dónde vas. Elige cada día quién decides ser, empezando aquí, y ahora con esta lectura.

Reinventa tus inseguridades, domínalas, y conviértelas en escalones hacia tu versión más imparable. Porque, linda guerrera, al final del día, las inseguridades son simplemente zonas de confort a las que nos habituamos, esperando que las transformemos en los increíbles motores de cambio que realmente son. ¡Vamos a hacerlo!

LEY DE LA ATRACCIÓN

Y aquí, mis queridas, es donde entra en juego la famosa (o infame) sub-**Ley de la Atracción**. Esta ley afirma que tus pensamientos y emociones tienen el poder de atraer experiencias a tu vida. Así que, si estás atrayendo drama y estrés, quizás deberías revisar tu lista de reproducción mental. ¿Estás escuchando música triste todo el tiempo o una melodía triunfante?

La realidad es que somos como imanes: lo que emitimos, atraemos. Si eres todo amor y luz, bien, el universo te recompensará con experiencias que reflejen eso. Pero si te pasas el día con cara de "no tengo ganas de nada", no te sorprendas si el universo te devuelve el sentimiento.

Concepto y principios

Entender la Ley de la Atracción es como descubrir el truco detrás de la magia. No se trata de desear cosas y esperar a que lluevan del cielo. Se trata de sintonizarte con la vibración de lo que realmente deseas.

Porque Darling, no puedes atraer un Ferrari nuevo si estás vibrando como un viejo Ford oxidado.

El papel de la energía vibracional: Cada pensamiento y emoción que tienes emite una vibración única. Al elevar tu vibración, atraes todo tipo de oportunidades, experiencias y personas que están en armonía con esa energía. Así que, si quieres atraer las cosas buenas de la vida, es hora de elevar esa frecuencia y empezar a brillar como el diamante que eres y en el siguiente capítulo hablamos más de esto.

EJERCICIOS DE MANIFESTACIÓN

Aquí es donde la acción entra en juego. Hablemos de cómo puedes empezar a manifestar tus deseos en esta realidad. ¡Porque no hay tiempo para esperar!

1. La Lista de Deseos

Coge un cuaderno (o usa una app, si te sientes tecnológica) y comienza a hacer una lista de todo lo que deseas y escríbelo en presente. Estos sería algo como:
Quiero y me merezco ta,ta,ta..
Recibo un aumento gigante en ta,ta,ta..
Me voy de megaviaje a ta,ta,ta..
Mi pareja es super (cosas lindas, obvio) ta,ta,ta...
Mi emprendimiento aumenta a ta,ta,ta...
Trabajo en un puesto respetable en ta,ta,ta...

Pero no te contengas: escribe los menores sueños con toda la actitud de diva que llevas dentro. ¿Un viaje a París? ¡Anótalo! ¿Ese empleo soñado donde te valoren? ¡Hecho! Asegúrate de ponerle detalles picantes a cada deseo. Cuando termines, léelo en voz alta y ríete de tus propias ambiciones, porque el humor es un poderoso imán de energía positiva. No olvides revisar esa lista en un par de meses, probablemente te llevarás una sorpresa.

2. El Ritual de la Gratitud Irónica

Haz un pequeño ritual diario donde tomes un momento para apreciar lo que ya tienes, pero con un punto de ironía: "Gracias, universo, por la cafetera que aún funciona, a pesar de que parece antigua". Haz esto mientras tomas tu café. La gratitud no solo es efectiva, sino que, al agregar un poco de humor, lo convierte en algo mucho más ligero y divertido. ¡No subestimes el poder de la risa en la manifestación!

3. El Paseo del Poder (Siete Minutos de Maravilla)

Primero, sal a caminar. Pero no te vayas con la cabeza agachada y el interés en TikTok: levanta la mirada y observa el mundo. Mientras caminas, repite tus afirmaciones del primer capítulo. Algo como: "Soy rica y afortunada, y me lo permito porque mi divinidad interior lo pide".

Los siete minutos de poder al día pueden ajustar tu mentalidad y poner en marcha la energía que deseas atraer. ¡Así que suelta el móvil y deja que el mundo te hable!

4. El Tablero de Batalla de Energía (o Energy Board)

Haz tu propia versión del vision board, pero con una actitud más fuerte. En lugar de solo imágenes felices de lo que deseas, agrega en un lado bien diferenciado también aquello que ya no quieres en tu vida: recortes de situaciones, emociones o personas que estén drenando tu energía.

Luego, ponlo en un lugar visible y recuérdate cada día que estás en una batalla por tu felicidad. Mira cómo esas cosas indeseadas se diluyen y enfoca el poder en tus deseos cumpliéndose. ¡Porque nadie invita a una diva a una fiesta, si no actúa como DIVA!

Como te iba diciendo, en el gran juego de la vida, cada pensamiento y emoción que tienes es como si estuvieras acumulando puntos en un videojuego. Sí, querida, así es.

Así como en un juego, cada vez que piensas algo positivo, ¡suma unos puntos hacia esos deseos que tanto anhelas! Pero, claro, si dejas que los pensamientos negativos y las dudas te invadan, esos puntos comenzarán a restarse más rápido que un amor de verano.

Imagina esto: estás en una especie de maratón emocional. Cada pensamiento que lanzas al aire, cada emoción que sientes se suma o se resta.

Piensa en un marcador gigante: si un día decides pensar "¡Soy una mujer increíble y merezco lo mejor!" estás sumando puntos rápidamente. ¡Bingo! Has llegado a un nuevo nivel de manifestación. Pero si el mismo día sueltas un "No sé si puedo" o "No estoy segura de merecerlo", esos puntos se evaporan y vuelves al comienzo. ¡Así de brutal es!

Así que, ¿cuántos puntos estás dispuesto a acumular hoy? La clave aquí es mantener ese marcador lo más alto posible. Día tras día, elige pensamientos y emociones que te impulsen hacia tus metas. No se trata de llenar el cielo de estrellas fugaces cada vez que piensas; se trata de ser consistente con tus creencias. Recuerda que, cuando tu energía vibra alto, ¡la vida misma tiene una forma de despejar el camino para que llegues a tus deseos!

EJERCICIO EXTRA

Diario de correspondencias personales

Cada noche, antes de dormir, anota al menos tres ejemplos de cómo tus pensamientos y emociones impactaron tu día. ¿Hubo momentos en los que tu estado mental te llevó a experimentar algo positivo? ¿O hubo momentos en los que te sentiste atrapada? Anota lo que sumó y lo que restó puntos, y enfócate en cómo puedes mejorar el marcador al día siguiente. Esta práctica te ayudará a tomar conciencia de tus patrones y a ajustar tu enfoque.

Así que, guerrera, ¡saca los ganchos de los puntos de giro! Esta es tu oportunidad de jugar el juego de la vida de manera efectiva. Recuerda que cada pensamiento importa, cada emoción cuenta y cada pequeña acción suma puntos hacia ese futuro brillante que deseas. Levántate, haz ruido y manifiesta con confianza, porque este es tu momento. Y, ah, no olvides disfrutar del viaje; después de todo, no se trata solo de ganar el juego, sino de cómo se juega. ¡Vamos por más!

CAPÍTULO 3
ENERGÍA Y VINO: LA LEY DE VIBRACIÓN Y EL ARTE DE ATRAER A LOS BUENOS

La clave está en elevar tus vibras, así como tu copa de vino, ¡que la buena energía atrae a la buena compañía! Todo tiene una vibración: La importancia de nuestras emociones

¡A subir el volumen de esas vibraciones, que estamos en modo Reina del Cosmos!

Todo, absolutamente todo, está en movimiento, chicas. Ni siquiera tu WiFi los domingos se queda inmóvil, así que imagina. Este rollo ya lo había descubierto la sabiduría del antiguo Egipto mucho antes de que la ciencia moderna le diera el visto bueno. Este conocimiento es la clave para entender por qué vivimos en un universo montado sobre una pista de baile cósmica, donde tanto tu café de la mañana como tus sueños más profundos vibran como el último hit de Beyoncé.

Imagínate que el espíritu tiene una vibración tan

intensa que podría pasar por un ninja invisible, como esos spas donde saldrías más Zen que un monje tibetano. En el otro extremo, tenemos a todas esas cosas que vibran tan despacito que parecen no tener prisa para la fiesta, como tu móvil apagado después de ordenar comida a domicilio.

En esta escala de vibración, cada átomo, cada molecula y cada estrella está teniendo su propio festival de Coachella intergaláctico. Y sí, tu mente y tu espíritu también están en el line-up. Entender esto es como tener la contraseña del VIP room: te permite sintonizar desde adentro hacia afuera y no dejar que nada ni nadie descomponga tu playlist de vida. Los que se convierten en maestros de este principio pueden hacer lo que Harry Potter con su varita: pura magia, sin molestos trucos de ilusionista baratos.

Imagínate esto: la ciencia moderna nos trae la revelación de que los átomos, esos pequeñines que forman tooodo lo que nos rodea, son en un 99% pura energía vibrando. Sí, así como lo escuchas. Mucho antes de que el gimnasio se pusiera de moda, todo en el universo ya estaba vibrando al ritmo de Zumba cósmica.

Todo vibra, desde tus neuronas hasta las estrellas más lejanas, moviendo sus caderas estelares al ritmo del universo. Y si la ciencia ya lo dice, entonces es hora de que nosotras también lo aprovechemos.

¿Cómo? **Aquí va un tip directo al grano:** encuentra un momento cada día, puede ser uno random o, normalito Ooo uno de esos en los que estas por tirar la toalla del día, párete firme, respira profundo, y comienza a mover tus brazos en círculos rápidamente. Siente cómo la energía fluye y se moviliza mientras giras los brazos, confía, ¡que esta payasada te va a poner modo cohete! como si fueras Wonder Woman en pleno cambio de vestuario.

Haz esto durante 1 minuto cada vez que se te ocurra. Es como poner tu propio mantra corporal en movimiento, elevando tu vibración al siguiente nivel y despejando cualquier nubarrón que intente empañar tu día. Porque, al fin y al cabo, ¡tú eres la jefa de tu propia vibración y de tu destino! Así que, démosle vueltas al mundo (literalmente) y asegurémonos de que estamos vibrando en la mejor frecuencia. ¡Nos vemos en las estrellas!

La realidad es que todo a nuestro alrededor vibra: desde tu taza de café hasta esa canción pegajosa que no puedes dejar de cantar. Y adivina qué: ¡tú también! Así que, si andas por la vida con una vibración de "no puedo más" o "no soy suficiente", lamento decirte que estás arrastrando esa vibra hacia tu realidad. Como diría Ariana Grande: ¡Thank U, Next!

Las emociones son el reflejo de esas vibraciones. Cada sentimiento que experimentas es como un pequeño mensaje que lanzas al universo. Pensarás que estas emociones son algo aislado, pero, en verdad, son como antenas que emiten señales al mundo: si estás en una frecuencia baja, lo que atraerás será igual de bajo. Pero si logras elevar tu energía, ¡cuidado! Puedes comenzar a atraer experiencias y personas que estén en la misma sintonía de tu energía elevada, y no sé si estás preparada para eso: ¡más amor, más abundancia y más alegría!

CÓMO ELEVAR TU FRECUENCIA VIBRACIONAL

La buena noticia es que tienes el poder de elevar tu frecuencia vibracional todos los días. ¡Sí, solo tú! Imagina que eres como un sintonizador de radio; puedes ajustar tu frecuencia en cualquier momento. Aquí van algunos consejos para hacer precisamente eso:

Sé consciente de tus pensamientos: Sí, sé que a veces es más fácil dejar que tu mente deambule como un perro sin correa, pero tú eres la dueña de ese perro sin correa, y debes lograr que te obedezca. Cuando notes pensamientos negativos o pesimistas, apágalos como si fueran esa molestia de un mosquito en medio de una noche de verano. ¡Basta!

Ríe a carcajadas: La risa es uno de los mejores elevadores de energía. ¡Así que pon tu película favorita o mira esos memes de gatos que te hacen reír hasta llorar! Esto eleva tus vibraciones instantáneamente y, créeme, tendrás un brillo en tu rostro que no se podrá ignorar.

Audiolibros y afirmaciones para dormir: ¿Sabías que lo que escuchas antes de dormir puede influir en tus sueños y tu estado mental? Busca audios de afirmaciones potentes que puedas reproducir mientras te duermes. Permite que esas palabras se filtren en tu subconsciente. ¡La mente es un jardín, y tus sueños son las flores!

Graba tus propias notas de voz: ¡Sí, tú puedes ser tu propia cheerleader! Graba notas de voz llenas de energía, donde te recuerdes lo poderosa y capaz que eres. Escucha esa voz en momentos de duda, como el grito de apoyo que necesitas para seguir adelante. Dite a ti misma: "¡Nadie puede detenerme! Soy una mujer imparable, y el mundo es mío para conquistar".

Movimiento corporal: Levántate y sacude esas caderas, cariño. Integra movimientos de empoderamiento en tu rutina diaria. El movimiento es vida. Haz una pequeña danza en tu sala de estar, sal a correr, o incluso prueba un poco de yoga. Activa tu cuerpo y deja que fluya la energía. Cada vez que te muevas, recuerda que estás manifestando energía y creando un espacio para que fluyan cosas buenas.

Meditaciones energéticas: Dedica unos minutos al día a meditar y conectar contigo misma. Enfócate en visualizar luz brillante fluyendo a través de tu cuerpo, elevando cada célula, cada órgano y cada parte de ti. Siéntelo, y déjalo ir.

RESONANCIA: ¡TU VIBRACIÓN PUEDE CAMBIAR EL MUNDO!

Queridas guerreras, hablemos de resonancia y de cómo nuestras vibraciones son como ondas que pueden sacudir el entorno, al igual que tu y tus amigos que se agitan para bailar cuando suena su canción favorita. ¡Nuestra energía tiene el potencial de influir en cada rincón de nuestro mundo!

Cada una de nosotras emite una frecuencia única; esa chispa especial que, aunque a veces pueda sentirse como un suave susurro en medio del ruido, tiene el poder de resonar mucho más allá de lo que pensamos. Si nos mantenemos firmes en nuestra vibración positiva, podemos empezar a transformar nuestro entorno incluso cuando las cosas parecen sombrías.

NO TE DESANIMES: LA MAGIA SUCEDE EN LA PERSEVERANCIA

Cuando las cosas no se ven prometedoras, es fácil caer en la trampa de sentirse abrumada o impotente. Pero, chicas, ¡recuerden esto! Cada vez que sigues brindando tu energía positiva, incluso en los momentos difíciles, te estás convirtiendo en un potente resonador que puede cambiar la sintonía de la canción que escucha el mundo.

Por eso, no dejes que la adversidad te baje la frecuencia. La vida tiene sus giros y vueltas, como una montaña rusa afiebrada, pero si te mantienes firme en tu vibración, comienzas a generar ondas que pueden elevar a quienes te rodean. Cada sonrisa, cada acto de bondad, cada palabra alentadora tiene ese potencial.

Así que, querida reina, aquí tienes tu mantra: en voz alta por favor
- **Resisto como una guerrera**

No dejes que las circunstancias externas apaguen tu brillo. Sigue resonando con tu energía única.
- **Yo muevo el dominó**

Tu vibración puede ser la chispa que encienda otras. Cuando elevas tu frecuencia, inspirarás a otros a hacer lo mismo. ¡Es como contagiar a todos con tu alegría!
- **Veo un futuro brillante para mí y para todos a mi alrededor**

Mantén el enfoque en las posibilidades, no en las limitaciones. Verde por el camino, y con tu vibración, ¡ayudemos a iluminar el mundo!

Come on! chicas, mantengamos nuestras vibraciones altísimas y nuestras corazas de resiliencia bien puestas, porque cada una de nosotras tiene la capacidad de ser la onda que cambiará el mundo. ¡A resonar se ha dicho!

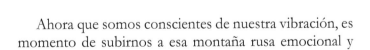

Ahora que somos conscientes de nuestra vibración, es momento de subirnos a esa montaña rusa emocional y hacer que nuestra energía sea contagiosa.

Elevemos esas frecuencias y atraigamos más de lo que amamos en nuestras vidas. Recuerda, tú eres la creadora de tu mundo, así que mantente vibrando alto, y el universo te responderá!!

CAPÍTULO 4
EL TERMÓMETRO DE LAS ENERGÍAS. LA LEY DE POLARIDADES DEL AMOR AL ODIO EN TODAS LAS GAMAS DE COLORES

Y tú que pensabas que el Ying y el Yang solo eran para decorar estudios de yoga.

Este principio nos revela que todo lo que existe, desde el drama de telenovela más intenso hasta tu café de la mañana, tiene dos polos, dos extremos, dos caras de la misma moneda. Y en el medio de ese camino niveles de intensidad.

La Ley de Polaridad nos dice que todo tiene su opuesto: el cielo y la tierra, el azul y el rojo, los días de sol y esos días horribles en los que todo parece salir mal. Cuando aceptamos esta dualidad, comenzamos a entender que no hay una experiencia sin la otra. Así que, si un día te sientes como un desastre total (y esas son las palabras suaves), recuerda que esa es solo una parte del viaje. Que tienes la capacidad de observar y controlar la tormenta para que después de la tormenta, siempre llegue la calma. ¡Y sí, esa calma es para recibirla!

Es como cuando comparas frío con calor: ambos son lo mismo, solo que en grados distintos. Mírate un termómetro y trata de esclarecer dónde termina el frío y empieza el calor. Alguien podría decir que es tan complicado como averiguar qué fue primero, ¿la gallina o el huevo?

Y así mismo es con la luz y la oscuridad, las cuales son el mismo fenómeno: solo difieren en cuanto a la cantidad de brillo que tienen. ¿Puedes realmente señalar dónde la luz deja de ser luz y empieza la oscuridad?

Bajemos al plano mental: amor y odio. Esos sí que nos retan con sus trotes emocionales. Lo que parece una distancia insalvable entre estos dos sentimientos, a menudo se despliega en una escala tan sutil que, antes de que lo notes, ya no sabes si algo te gusta o disgusta.

Y aquí está el premio gordo: podemos, por pura fuerza de voluntad y un par de trucos mentales dignos de Houdini, cambiar el odio por amor y viceversa. Esto es alquimia mental mis bellas, ¡la pura crema de la sabiduría ancestral!

Imagina que la bondad y la maldad no son más que diferentes grados del mismo espectro. Un poco de magia mental aplicada sabiamente y la magia del poder de pensamiento en las percepciones, y taraaaan: lo que alguna vez fue un problema, ahora es una lección mística. Esto es más que convertir el agua en vino; es el arte de la polarización y es la alquimia mental practicada por maestros antiguos y modernos

Aquí te dejo una lista de 10 emociones con sus polaridades opuestas, porque entender la dualidad emocional es un superpoder que todas debemos tener en nuestro arsenal:

1. Felicidad ↔ Tristeza

La felicidad ilumina tu alma, mientras que la tristeza, aunque incómoda y dolorosa, te ayuda a apreciar esos momentos de alegría.

2. Amor ↔ Odio

Al final del día, el amor se siente cercano y el odio tan distante que son dos caras de la misma moneda, energías intensas que pueden cambiar todo en un instante.

3. Confianza ↔ Inseguridad

La confianza te impulsa a conquistar el mundo, mientras que la inseguridad puede ser un recordatorio de que incluso las reinas necesitan cuidar su autoestima.

4. Esperanza ↔ Desesperanza

La esperanza te inspira a seguir adelante, pero la desesperanza puede obligarte a buscar la luz en los momentos más oscuros.

5. Entusiasmo ↔ Indiferencia

El entusiasmo es esa chispa que te lanza hacia tus sueños; la indiferencia, por otro lado, te puede ayudar a soltar cosas que ya no valen la pena.

6. Valor ↔ Miedo

El valor es el paracaídas que te permite saltar al vacío de nuevas experiencias, mientras que el miedo a veces es el frenador que te hace pensar dos veces antes de lanzarte.

7. Inspiración ↔ Desánimo

La inspiración eleva tus metas, mientras que el desánimo puede llevarte a reevaluar lo que realmente deseas y por qué lo persigues.

8. Euforia ↔ Decepción

La euforia es el pico de felicidad que todos anhelamos; la decepción, aunque dura, nos da lecciones sobre nuestras expectativas.

9. Gratitud ↔ Resentimiento

La gratitud llena tu corazón, mientras que el resentimiento puede enseñarte que debes soltar para seguir avanzando.

10. Relajación ↔ Ansiedad

La relajación es el estado zen al que todos queremos llegar, pero la ansiedad puede ser un empujón para que tomes acción cuando te sientes estancada.

Recuerda, querida, Tienes siempre la capacidad de observar del 1 al 10 que tal feliz o tan triste puedes sentirte, o que lejos está tu valor del miedo en esta escala para tomar decisiones importantes, como en cada emoción tu eres la responsable de observar, medir y regular.

Si te encuentras débil, busca algo que pueda darte fuerzas para continuar con un poco más aguante. Y esa acción de buscar moverte dentro de la escala hacia la energía opuesta es la que logra la magia alquímica de cambiar nuestro sentir.

Al final, la locura mágica generadora de movimiento de toda la creación solo se llama **"Decisión"**

Nunca te olvides preciosa que estas emociones son parte del mismo viaje, nuestro propio caleidoscopio emocional. Todo vale la pena, cada experiencia cuenta, y cada sensación contribuye a la hermosa complejidad de ser humano. ¡No hay excusas, presta atención a tu termómetro sensitivo y a abraza cada emoción como parte de este fabuloso viaje! 🚀 🖤 ✨

LA IMPORTANCIA DE ACEPTAR Y COMPRENDER DUALIDADES

Las polaridades son como esos actores que siempre se pelean en las películas. Te hacen sentir algo, ya sea tristeza o alegría, y lo que realmente importa es cómo decides relacionarte con ello. Tomemos como ejemplo a Beyoncé; claro, todos la conocemos como "la reina", pero cada vez que sube al escenario, está enfrentando un dilema interno entre la chica normal y la estrella mundial que es. La clave aquí es aprender a abrazar todas las partes de ti misma, incluso esas que no son tan brillantes.

La idea no es estar atrapada en un ciclo de compararte con otras. Pero ¿no es un poco irónico que en un mundo donde se nos anima a brillar, también se nos empuja a ocultar nuestras luchas? Aquí es donde entra el poder de la vulnerabilidad.

Como dice Brené Brown, la vulnerabilidad es el lugar donde nace la creatividad, la innovación y, por supuesto, la verdadera conexión humana. Así que, ¡abracemos esas dualidades y dejemos que nos sirvan como trampolines en lugar de cadenas!

EJERCICIO: IDENTIFICANDO POLARIDADES EN TU VIDA

Ahora, miremos hacia dentro y echemos un vistazo a nuestra propia vida. Aquí hay un ejercicio que te ayudará a identificar esas polaridades que pueden estar influyendo en tu experiencia diaria:

Identifica tus polaridades

Haz una lista de las áreas de tu vida donde notas dualidades. Puede ser en tus relaciones (serenidad y enfado), tu trabajo (satisfacción y frustración), o incluso en tu vida emocional (felicidad y tristeza). Tómate el tiempo necesario, porque este es un momento de autorreflexión y califica en escalas del 1 al 10 que es lo que sientes. Es como pensar en esta forma de escala:

Amor   Odio
1 2 3 4 5 6 7 8 9 10

Prueba la práctica de gratitud activa futura

Por cada aspecto negativo que identifiques, busca su contraparte positiva y escribe una breve nota sobre cómo eso te ha ayudará a crecer y lo escribes en presente.

Por ejemplo, si escribes "frustración en el trabajo porque no reconocen mi esfuerzo", la contraparte podría ser "entiendo que solo puedo controlar mis acciones o buscar mejores oportunidades".

De esta forma, conviertes la niebla en un nuevo campo visual, como un verdadero artista transformando lo cotidiano en una obra maestra.

Medita sobre la dualidad

Siéntate en un lugar tranquilo y visualiza cada polaridad que identificaste. Pídeles que se presenten juntas y que te muestren la manera en que puedes gestionar mejor estas emociones en tu escala y observa cómo te sientes. Permítete sentir cada emoción, sin juzgarte. Este es tu momento de reconciliación con todas las partes de tu ser.

Reflexionando sobre lo que significa la polaridad en tu vida

La realidad es que no puedes tener luz sin oscuridad, ni felicidad sin tristeza. Las dos son necesarias para validar la otra. Así que, en lugar de huir de esos momentos difíciles, considéralos como oportunidades de crecimiento. Al final del día, todas estas experiencias se entrelazan en la hermosa y luchadora historia que es tu vida.

Recuerda, ser una mujer integra y empoderada significa abrazar tanto tu fuerza como tu vulnerabilidad. El secreto está en encontrar el equilibrio sobre la cuerda floja en esas polaridades, aprendiendo de cada aspecto de tu vida y creciendo con cada desafío. ¡¡Tú puedes hacerlo guerrera!!

CAPÍTULO 5
MENSAJES OCULTOS EN EL CAOS: LA LEY DEL RITMO Y LA DANZA DE LA VIDA

La vida tiene ritmo, y a veces te sientes como una bailarina torpe en medio de un tango. ¡Aun así este show es tuyo!

Prepárate, guerrera del cosmos. Bienvenida a la Ley de Ritmo, donde vamos a desglosar ese hermoso (y a veces irritante) vaivén que es la existencia.

Si alguna vez has sentido que la vida es una serie de altibajos, como si estuvieras en una montaña rusa construida por un niño de cinco años, ¡no estás sola! Este ritmo de la vida no se detiene; siempre hay un flujo y un reflujo. Así que, ¡abrocha esos cinturones!

Cada etapa de la vida tiene su propio ritmo. A veces te sientes en la cima del mundo, mientras que en otras te hundes como un ancla en el océano. La clave aquí es saber que, así como las mareas, todo es temporal.

Hay momentos en que todo fluye y parece que tu magia personal está desbordándose, y hay otros en que sientes que la vida te ha plantado cara y tú solo quieres quedarte en la cama con una bolsa de papas fritas y una serie de Netflix. Pero Adivina qué? Ambas fases son parte del viaje.

Y aquí está la parte tramposa: ¡Incluso esos momentos bajos cuentan como puntos en el juego! Cada experiencia, sea buena o mala, suma a tu crecimiento. Así que, si un día sientes que estás atrapada en el barro, no te olvides de que esos puntos están ahí, construyendo tu carácter y preparándote para el próximo nivel.

LA DANZA DEL PÉNDULO: EL ARTE DE SURFEAR LAS OLAS DE LA VIDA

Porque aquí viene el principio que revela que todo en la vida es un continuo baile de ida y vuelta. Como una canción pegajosa que no puedes sacar de tu cabeza, hay un flujo y reflujo constante, un péndulo que oscila entre dos polos que gracias al principio de polaridad ya conocemos bien.

Todo tiene su swing: acción y reacción, subir y bajar, éxito y fracaso toda la vida. Y esta ley es como ese DJ incansable que pone ritmo desde las estrellas hasta en nuestros estados mentales mañaneros de "hoy no tengo ganas". La creación y destrucción, el auge y la caída de imperios, e incluso la última moda en redes sociales, ¡todo se mueve bajo esta ley!

Las OGs(original gangsters) del equilibrio mental, han descifrado cómo funciona este principio y cómo no dejar que el péndulo nos zarandee como en una montaña rusa emocional.

Mientras que el común de los mortales es arrastrado aquí y allá, Nosotras tenemos EL TRUCO: el poder de neutralización. A ver tampoco con este truco se puede detener el péndulo (ni siquiera Thanos con las Gemas del Infinito podría), pero sí han aprendido a no dejarse llevar por él.

Estos mentores de la calma practican una estabilidad mental que es lo más cercano a tu yogui favorito haciendo del árbol en un terremoto. Ellos eligen dónde quedarse y, con pura fuerza de voluntad, neutralizan esas oscilaciones que intentarían llevarlos al otro lado del espectro emocional.

La alquimia mental es tu arte secreto, equilibrando y neutralizando las ondas de la vida. Es como ser el Capitán Jack Sparrow: enfrentarse a las tormentas con una brújula que solo tú entiendes. Así, mientras el resto del mundo va y viene como olas del océano, el verdadero maestro surfea con estilo y sigue firme, con una sonrisa irónica en el rostro sabiendo que controla su propio destino.

CÓMO NAVEGAR LOS CICLOS Y MANTENER LA ESTABILIDAD

Navegar el ritmo de la vida puede parecer como bailar en una pista resbaladiza. A veces, sientes que estás marcando el paso y a veces, estás tratando de no caer de cara. Una de las mujeres que nos ha enseñado a aceptar nuestras fases es la fabulosa Lizzo; ella se encuentra en su propio ritmo y nos recuerda que la vida debe ser disfrutada al máximo, sin importar las circunstancias.

Así que, ¿cómo puedes mantenerte estable en medio

de esta locura? **Aquí tienes algunas opciones:**

Acepta el cambio: La vida es un eterno movimiento, así que acepta que las cosas siempre van a cambiar con la mejor de las actitudes posibles. O al menos finge demencia y continua en el baile como una loca. A veces perdemos a personas amadas y sentimos que el mundo se parte en dos y nos sumergimos en una ola de dolor y tristeza que también se vale sentir, otras veces estás haciendo malabares con un nuevo trabajo, o simplemente tratando de encontrar el equilibrio en tus relaciones, recuerda que el cambio es la única constante. La vida es como tus jeans favoritos: a veces se ajustan maravillosamente, y otras veces, dudan en entrar. ¡Y eso está bien!

Practica la gratitud: Cada vez que te sientas perdida en la marea, recuerda las cosas por las que estás agradecida. Esto no solo te ancla, sino que también te ayuda a encontrar el lado positivo, aunque no sirva de nada en el momento, incluso en los momentos más retadores buscar el lado positivo es tu arma para escalar esa montaña de malas vibras. Haz una lista de tus pequeñas victorias simples como llegar al trabajo sana y salva, encontrar un plato de comida en casa, otro día más durmiendo en tu cama preciada cerca de tu familia. Puedes agregarlo a tus declaraciones positivas de esos días perdidos o ponerlos como un recordatorio en el celular, porque a todo lo que le des atención en tu vida es lo que abundará.

Rituales de estabilidad: Encuentra prácticas que te hagan sentir centrada. Ya sea meditar, hacer yoga, o bailar como si nadie estuviera mirando (y si alguien lo está, ¡que se joda!), encender todas tus velas, inciensos, y poner tu música de frecuencias 432Hz, 369Hz, 1111Hz, o las que sean, lo importante es que encuentres esa actividad que te permita poner los pies en la tierra, incluso en las tormentas.

EJERCICIO: REFLEXIONANDO SOBRE LOS RITMOS PERSONALES

Ahora vamos a poner esas reflexiones en acción. Aquí tienes un ejercicio que te ayudará a conectarte con tus ritmos personales y a tomar conciencia de los ciclos de tu vida:

Identifica tus ciclos: Tómate un momento para reflexionar sobre tu vida. ¿Puedes identificar momentos de gran flujo y épocas de reflujo? Pueden ser meses o años o más cercano aun, los momentos en tu ciclo menstrual que son el ciclo más visible que poseemos como mujer. Siii esos días buenos y malos. Anota estos períodos en tu diario y observa cómo te sentías durante cada uno. ¿Qué aprendiste de esos momentos? ¿Qué te hizo llorar? ¿Qué te puso feliz? Recuerda, cada experiencia cuenta; incluso aquellas en las que te sentiste como si estuvieras nadando contra corriente, o volando en las nubes o tal vez en las que te enojaste tanto sin entender por qué. ¡Créeme que esto te va a revelar algo sorprendente!

Crea un gráfico de ritmos: Dibuja un gráfico simple en tu calendario que represente los altos y bajos de tus ciclos. Esto no necesita ser una obra de arte; simplemente usa líneas para mostrar la oscilación entre lo positivo y lo negativo. Este ejercicio visual puede ser un recordatorio significativo de que, a pesar de las bajadas, siempre vuelves a levantarte.

Desarrolla un mantra: Cada vez que sientas que estás atrapada en un ciclo difícil, repítete un mantra que elijas. Algo como "Todo en la vida tiene su ritmo, y estoy segura de que esto también pasará".

CAPÍTULO 6
¿DRAMA? ¡SOLUCIONADO!: LA LEY DE CAUSA Y EFECTO Y CÓMO NUESTRAS ELECCIONES CREAN LA MEJOR TELENOVELA DE AVENTURAS. 📺 ✨

Las cosas pasan por algo, y no, no es culpa de Mercurio retrógrado. ¡Las decisiones son tuyas!

Chica ¡Hora de dejar a un lado esa creencia de que la vida es un simple juego de azar, porque aquí viene el principio de causa y efecto, armados con más energía que una playlist de los mejores hits! Cada capítulo que estas leyendo es una lección universitaria que absorber y superar. Por qué todo efecto tiene su causa y viceversa. Es como esa deliciosa receta que sigues al pie de la letra: el plato final no es casualidad, es pura ciencia (o alquimia en nuestra cocina).

La palabra "suerte" es solo una ilusión de novelas, como ese abrigo de Zara de descuento que compraste pensando que era tendencia. Todo pasa conforme a la Ley, y aunque los planos superiores dominan a los inferiores, nadie se escapa de ella. Aquí es donde las brujas y los magos como nosotras hacen su magia: han aprendido a subir por encima del terreno de causa y efecto. ¿Cómo? ¡Con una especie de parkour mental que les permite convertirse en las causas, en vez de los efectos!

Mientras la mayoría de nosotras, las comunes mortales, somos llevadas como si estuviéramos en una cinta transportadora impulsada por el WiFi más desastroso de la galaxia, debido a herencias, sugerencias y decisiones de otros, TAMBIEN estamos las poderosas como tú y yo que juegan una liga aparte. Vamos alcanzando un nivel donde trazamos nuestros propios caminos y gobernamos nuestros entornos, como directoras de cine dando órdenes desde la silla de director, No como extras perdidos en el caos de una batalla de 'Game of Thrones'.

Estas visionarias tienen un truco bajo la manga: se aseguran de que la vida no ocurra simplemente a su alrededor; son ellas quienes hacen que la vida suceda. No son los peces arrastrados por la corriente ni decisiones de otros, sino que son las estrategas que mueven las piezas en el tablero de la vida. Utilizan el principio de causa y efecto en su favor, como si jugaran al ajedrez a nivel maestro, manteniéndose un paso adelante.

Aunque son obedientes a las leyes del universo, es en su propio plano donde mandan y regulan, poniéndose al volante de su destino más que ningúna otra. Conocer este valioso arte te da las llaves de un potencial sin límites.

Así que, querida poderosa maestra en entrenamiento, desafía la gravedad emocional y prepárate para trazar tu propio destino con intención. Porque una cosa es ser el conejo que sale del sombrero, pero otra muy distinta es ser quien hace que el conejo aparezca. ¡Manos a la obra!

COMPRENDER CÓMO NUESTRAS DECISIONES CREAN REALIDADES

Ahora vamos a desglosar la Ley de Causa y Efecto, o como me gusta llamarla: la ley de "tú siembras lo que cosechas". En este universo loco, cada acción que tomas tiene una reacción. Como en las pelis de Marvel, donde cada decisión de los héroes afecta el destino del mundo, cada una de tus decisiones impacta tu vida de maneras que ni imaginas. Así que, si pensabas que podías salirte con la tuya sin consecuencias, ¡sorpresa! La vida es más astuta que eso.

La verdad es que vivimos en un mar de decisiones. Desde lo más trivial, como elegir qué cenar, hasta lo más trascendental, como tomar la decisión de cambiar de carrera. Cada elección es un hilo que teje el tapiz de tu realidad. Y si bien a veces puede parecer que el destino nos lanza piedras, también tenemos el poder de convertir esas piedras en escalones.

¡Así que deja de mirar hacia el cielo y preguntarte "¿por qué a mí?" y empieza a hacer preguntas como "¿qué puedo aprender de esto?" Porque, querida, tus decisiones son la brújula y el mapa que te llevan al destino que deseas.

REFLEXIONES SOBRE RESPONSABILIDAD Y EMPODERAMIENTO

Ser responsable no significa que debas cargar con todo el peso del mundo, sino que aceptas que tú, y solo tú, eres quien tiene el poder de crear tu propia vida. Al hacerlo, te empoderas. Es como cuando Beyoncé canta "Run the World (Girls)"; ella no está hablando solo de bailarinas alocadas en tacones altos. Está hablando de empoderamiento total porque sabemos que puede ser una reina en el escenario y en su vida también.

Ahora, vamos a hablar en serio. La responsabilidad es la palabra secreta aquí, y si no estás lista para asumirla, entonces quizás deberías quedarte en la zona de confort de la que tanto te quejas.

Es muy fácil señalar con el dedo y decir "la vida me hizo esto" o "la culpa es de las circunstancias". Pero déjame decirte algo: esa actitud de víctima no te lleva a ningún lado. Te estanca en una piscina de autocompasión y te hace sentir impotente ante un mundo que, sinceramente, no te debe nada.

¿Quién quiere ser la mujer que se ahoga en lágrimas y excusas, en lugar de ser una guerrera que lucha por lo que quiere?

Mira, ser responsable es reconocer que cada pequeño desliz y gran decisión que tomes tiene un efecto cascading en tu vida. Así que, si te encuentras atrapada en un ciclo de drama, pregúntate: "¿Qué decisiones me han llevado a este punto?". No puedes cambiar lo que el universo decidió lanzarte, pero sí puedes cambiar cómo decides responder.

Las verdaderas reinas, no se quedan llorando en un rincón; ellas sacan las garras y se levantan. Ellas saben que, aunque la vida pueda golpear fuerte, también tienen la capacidad de cambiar el juego. Cuando decides caminar con confianza y asumir la responsabilidad de tus acciones, comienzas a tomar el control de tu propio destino.

Así que deja de jugar a la víctima; eso solo sirve para dar pena y no para empoderarte. En su lugar, asume la responsabilidad de SER una mujer fuerte y empoderada. Tienes el poder de ser la arquitecta de tu vida. No dejes que el miedo o las excusas te frenen.

Aquí va una realidad dura: todo en la vida tiene consecuencias, y esas consecuencias están determinadas por las elecciones que haces cada día. Así que, sí, elige sabiamente, porque esa es la única forma de realmente prosperar. Las oportunidades están esperando, pero son tuyas para tomar —y solo tú puedes hacer que sucedan—. ¡Así que es hora de dejar de quejarse y pasar a la acción!

¡REINAS DEL MUNDO, GOBERNEMOS NUESTROS EFECTOS! ♛ ✦

Queridas guerreras del cambio, es hora de tomar el papel principal en la película épica de nuestras vidas. ¿Cansadas de ser el efecto de los dramas? Aquí tienen el plan magistral para convertirse en la causa que mueve montañas. Vamos a planificar con grandeza, pensando más allá de lo personal y creando un impacto que resuene en nuestra comunidad y más allá. Aquí van cinco maneras de ser esa fuerza imparable:

1. **Emprendimiento en Salud Holística** 🌿 : Ábrete camino con un negocio que promueva la salud integral. Ya sea un centro de yoga, una línea de té medicinal, o un app de mindfulness, estás creando un refugio de sanación para un mundo que lo necesita. ¡Porque la salud es riqueza!

2. **Empresas Ecológicas** 🌍 🌱 : Construye una empresa que haga del planeta un lugar mejor. Desde productos biodegradables hasta energía renovable, estarás inspirando a otros a seguir tus pasos. ¡Porque, querida, no hay otro planeta B en nuestra lista de compras!

3. **Sensibilización Comunitaria** 🗣 💡 : Organiza talleres, charlas o eventos que eduquen y movilicen a tu comunidad sobre el poder de la unidad para lograr metas comunes de barrios o comunidades, el respeto a la diversidad cultural, el cuidado de los niños o cualquier otra causa en la que creas apasionadamente. Y CUIDADO CON EL FANATISMO Porque un cambio empieza con una conversación de comprensión y amor, en donde todos con diferentes opiniones válidas decidimos poner por encima el bien común del ser humano.

4. **Innovación Social** 🚀 💡 : Invierte en tecnología que resuelva problemas globales. Desde aplicaciones que conecten a comunidades rurales con la ayuda que necesitan hasta dispositivos que purifiquen agua. Serás la magnate de la transformación social.

5. Colaboraciones Globales 🌐 🤝 : Únete o funda organizaciones que trabajen en resolver problemas a nivel mundial, ya sea en la educación, la pobreza, o los bien estar del ser humano. Porque juntas podemos influir en políticas y marcar la diferencia.

Con cada una de estas acciones, no solo estamos liderando nuestras vidas, sino que estamos creando una ola que también beneficia a quienes nos rodean. Así que, ponte tu capa de heroína, porque es tiempo de transformar nuestra energía en cambio y ser la causa del impacto positivo que el mundo está esperando. ¡Vamos a por todas!

EJERCICIO: ANÁLISIS DE DECISIONES PASADAS Y SUS EFECTOS

Ahora que tienes el panorama claro, vamos a ponerlo en práctica. Este ejercicio te ayudará a reflexionar sobre tus decisiones pasadas y a observar cómo han moldeado tu vida.

Haz una lista: Toma un momento y anota al menos 5 decisiones significativas que hayas tomado en tu vida. No te límites a grandes decisiones; esas pequeñas decisiones diarias también cuentan.

Evalúa los efectos: Por cada decisión, pregúntate: "¿Cómo ha influido esto en mi vida? ¿Qué aprendí de esto? ¿Cuáles fueros mis reacciones ante estos efectos?" Si te topaste con un obstáculo, observa qué podrías hacer de manera diferente en el futuro. Recuerda, siempre hay algo que aprender.

Plantea nuevas soluciones: piensa en 2 o 3 posibles reacciones diferentes que podrían haberte llevado a un mejor gestionamiento de tus sentimientos y emociones

Enfócate en lo positivo: No se trata solo de lo negativo. Reflexiona sobre las decisiones que tomaste y que resultaron en experiencias positivas. Celebra esos momentos y date un "high-five" en tu mente. ¡Sí, tú lo hiciste!

Ponte en acción: Después de reflexionar, elige una pequeña acción que puedas tomar hoy que te acerque a tus metas. Recuerda, cada pequeño paso cuenta. Si quieres un cambio, comienza hoy.

Recuerda, la vida es un mosaico de decisiones. A veces te saldrás del camino, pero cada acción es un ladrillo en la construcción de tu futuro. ¡Así que elige sabiamente y déjate llevar por la corriente de la causa y efecto, porque tú eres la arquitecta de tu propio destino! Atrae lo que deseas, actúa en consecuencia y observa cómo la vida se despliega a tu favor.

¡Eres increíble, yo no tengo dudas, así que sigue brillando!

CAPÍTULO 7
EL SÉPTIMO GRAN PRINCIPIO: EL PODEROSO BAILE DEL GÉNERO EN EL UNIVERSO MANIFESTANDO LA ABUNDANCIA

Recuerda que hay energía tanto femenina como masculina, y es hora de reclamar tu espacio en este mundo con toda tu fuerza cariño.

¡Atención, alquimista de la vida moderna! Prepárate, porque hoy vamos a desmenuzar la Ley de Género, que, en resumen, trata sobre cómo las energías masculina y femenina se manifiestan en todas partes, ¡incluyéndote a ti! Esta ley nos recuerda que todos llevamos dentro de nosotros esas dos fuerzas poderosas que, cuando se equilibran, pueden crear magia.

Hoy desvelamos el Séptimo Gran Principio: **el Género**, ese secreto que nos dice que el dúo dinámico de lo masculino y lo femenino está detrás de todas las cortinas de la creación. No estamos hablando simplemente de diferencias físicas, como quien discute si el whiskey debe llevar hielo. ¡No!, estamos entrando en terrenos más espirituales y mentales.

La palabra "género" nos lleva a la raíz del asunto: concebir, crear, generar. Así que, mientras el "sexo" se queda en lo físico, el Género abarca el universo entero, desde los niveles más pequeños hasta los más elevados. En el mundo de los electrones y corpúsculos, las partículas masculinas y femeninas bailan para crear átomos, transformando teoría en realidad tangible.

Hay, sin embargo, una confusión titánica por la que se ha confundido el concepto de lo "femenino" con debilidad. ¡Nada más alejado del show estelar que representa el polo femenino o negativo en los fenómenos eléctricos! El catódico (polo negativo), o polo "femenino", es la fuente de una explosión de creatividad, similar a la apertura de una caja de sorpresas. Aquí no hablamos de debilidad, sino de la cuna de la creación.

Este principio de Género no se detiene solo en lo físico, también invade lo mental. Piensa en los conceptos de mente objetiva y subjetiva, consciente e inconsciente. El principio masculino se encarga de ejecutar, como un capitán en alta mar, mientras que el femenino pone todo en marcha, como el barco con su gigante e ingenioso y perfecto motor, ya que sin esto el capitán jamás estaría en el agua y así ambas energías se complementan para recorrer nuevas aventuras.

Y en este cóctel, ¡ambos ingredientes son esenciales! No hay una sin la otra; necesitan encontrarse para que la magia ocurra. El Género, queridos y queridas, es la fuerza creativa detrás de todas las cosas y se manifiesta en cada rincón del universo.

Así que, mientras la ciencia moderna todavía debate y explora, la filosofía Hermética nos invita a abrazar este conocimiento: que la creación siempre fue un dúo dinámico. Atrévete a ser la energía que mueve tu mundo, combinando el poder de ambos géneros en cada emprendimiento y sueño. Porque, después de todo, ¡eres la maestra de tu destino y la creadora de tu propia realidad!

Sé que a veces parece que en la realidad aun es la energía masculina la que manda; lo vimos en tantas películas, donde los tipos toman las decisiones mientras las mujeres se sientan al fondo, con una mirada de "¿y yo qué?". ¡Pero eso se acabó! No necesitas un príncipe para rescatarte ni nada por el estilo, tú ya eres la heroína de tu propia historia.

La energía femenina es hermosa y poderosa; es creativa, amorosa, intuitiva, sensitiva y está siempre conectada. Sin embargo, la energía masculina también tiene su lugar: es estructurada, firme y, a veces, un poco dura, lógica y práctica.

La clave aquí es integrar ambas energías en tu vida. Si solo te desenvuelves en un extremo del espectro, te vuelves como un cuadro que se salió del marco; inestable y poco práctico.

Así que, si eres de las que elige ignorar tu lado masculino por miedo a ser percibida como "demasiado intensa" o "dominante", ¡deja de poner excusas! Es tiempo de aceptar que ser poderosa no significa ser una perra… a menos que quieras serlo, ¡y eso también está bien!

ENCONTRANDO EL EQUILIBRIO Y ARMONIZANDO ESTAS ENERGÍAS

Ahora que hemos dejado claro que tanto la energía masculina como la femenina tienen su lugar en nuestro ser, vamos a hablar de cómo puedes encontrar el equilibrio. Aquí pues alguna idea que te sirva:

Conócete a ti misma: Tómate el tiempo para reflexionar sobre en qué áreas de tu vida te inclinas más hacia un tipo de energía. Esas áreas de la vida pueden ser: tu aburrido trabajo ¿Eres una amante férrea que deja que las emociones te controlen, o eres tan racional que a veces olvidas sentir? Ambas situaciones pueden dejarte desfasada. Identificar dónde te encuentras en el espectro es el primer paso para lograr la armonía.

Empodérate en todas tus facetas: Recuerda que la fuerza no viene solo de ser firme; también viene de ser vulnerable, amorosa y compasiva. Así que no tengas miedo de abrazar tu lado femenino, pero también aplaude cuando debas manifestar la asertividad de tu energía masculina. La mujer moderna es igualmente una guerrera y una amante.

Debatir como una jefa: Cuando estés en una situación de conflicto, especialmente en el trabajo o en tus relaciones, utiliza tanto tu energía masculina como femenina. La asertividad no tiene que ser grosera, y la empatía no tiene que ser sumisa. Mantén tu tono firme, pero no olvides que el respeto es clave. No sirve de nada tener razón si se lo dices a alguien como si fueras la reina de corazones del cuento de hadas. ¿Conoces la historia de la Queen of Hearts y Alicia en el país de las maravillas? Googléalo entonces…

EL MAL CARÁCTER DE LA REINA DE CORAZONES: UN TORBELLINO DE ENERGÍAS EN ACCIÓN 👑 ♥

La Reina de Corazones, en el clásico "Alicia en el País de las Maravillas", es una figura icónica que casi todos recordamos por su famoso grito de "¡Off with their heads!". Y aunque su carácter explosivo y temperamental puede parecer impulsado por pura energía masculina debido a su necesidad de control y dominio, en realidad es una mezcla fascinante de ambas energías en su forma más desbalanceada.

Energía Masculina Predominante

1. **Autoritarismo y Dominio** 🗣: Su inclinación por dar órdenes y esperar obediencia inmediata refleja una energía masculina intensa centrada en el poder y el control absoluto sobre su entorno.

2. **Agresividad y Competitividad** 🏆 : La Reina muestra una constante necesidad de ser temida y demostrarse superior, una clara manifestación de competitividad y lucha por el dominio. La forma en que lidia con los problemas, principalmente mediante la intimidación, es otro indicativo de esta energía.

3. **Pragmatismo de Lo Absoluto** 🗡: En lugar de explorar las sutilezas y las emociones, toma decisiones rápidas y severas, inclinándose hacia el pragmatismo puro, típico de la energía masculina.

Aspectos de Energía Femenina en Conflicto

1. **Emocionalidad Extrema** 🙄: Aunque su cólera parece una muestra de firmeza, subyace una emocionalidad intensa, reaccionaria y poco contenida, que debería ser una manifestación de la energía femenina en su forma más equilibrada de empatía y sensibilidad.

2. **Drama y Arrebatos** 📣: Su tendencia a los dramatismos y a personalizar las situaciones negativas son maneras en que la energía femenina se distorsiona, perdiendo el delicado equilibrio de la intuición y el entendimiento.

La reina, en su torbellino de personalidades, es una prueba viviente de lo que sucede cuando no equilibramos nuestras energías internas. Tener un dominio excesivo de una energía puede llevar a actuaciones desproporcionadas y muchas veces destructivas, tanto para nosotras como para nuestro entorno.

En resumen, la Reina de Corazones es un desfile de energías que, a su manera, nos enseña que con un mayor equilibrio entre lo femenino y lo masculino podemos evitar los extremos del desorden emocional y la tiranía implacable. Al equilibrar estas energías, podemos transformar el "¡Que le corten la cabeza!" en "Vamos a solucionar esto juntos". ¡Esa es la verdadera fuerza de una mujer mega poderosa en todos los aspectos de la palabra! 💖 ✨ 👑

MANIFESTACIONES DE LAS ENERGÍAS MASCULINA Y FEMENINA EN LA VIDA DE UNA MUJER 🌑

Energía Femenina: La Reina de la Creación 🌸

1. **El Cuidado y la Nutrición** 🌑 : La energía femenina se manifiesta en la forma en que cuidamos de otros: cocinando un delicioso almuerzo para nuestra familia o siendo la amiga que siempre tiene una palabra de aliento. ¡La abuelita sabia lo sabía!

2. **La Creatividad** 🎨 : Desde el arte hasta la moda, la energía femenina se despliega en la creatividad. Pintar, escribir, cantar… ¡Es la musa que transforma ideas en obras maestras que hacen vibrar el corazón!

3. **Conexiones Emocionales** 😊 : Las mujeres tienden a tener un don especial para crear y nutrir relaciones. La energía femenina se muestra cuando escuchamos de verdad y conectamos a un nivel profundo. ¡Las noches de chicas con vino y chismes son pura magia!

4. **Intuición y Empatía** 💜 : Ese sexto sentido que poseemos a menudo aparece en las decisiones que tomamos. La energía femenina brilla cuando seguimos nuestra corazonada o cuando simplemente sabemos que alguien necesita un abrazo.

5. **El Cuidado del Hogar** 🏠 : Decorar, organizar y crear un ambiente acogedor son expresiones de la energía femenina. ¡Un hogar puede ser un reino de paz,

con velas aromáticas y cojines suaves!

ENERGÍA MASCULINA: LA GUERRERA LISTA PARA LA ACCIÓN 🗡

1. **Toma de Decisiones Clave** 🔍 : La energía masculina aparece en la toma de decisiones rápidas y asertivas, ya sea en el trabajo o en la vida personal. ¡Es como ser CEO de tu propia vida y dar órdenes al universo!

2. **Liderazgo y Dirección** ▶ : Las mujeres pueden manifestar energía masculina asumiendo roles de liderazgo en su carrera o emprendimiento. Desde una jefa imparable hasta la capitana en una reunión de amigas, el liderazgo es pura energía masculina.

3. **Competitividad y Ambición** 🏅 : Cuando se trata de alcanzar objetivos y metas, la energía masculina brilla en su forma más pura. ¡Nada como un poco de competencia para sacarnos la adrenalina!

4. **Resiliencia y Firmeza** 💪 : Enfrentar desafíos y salir fortalecido de ellos es una manifestación de la energía masculina. ¡Que nadie me diga que no puedo hacer algo, porque les demostraré lo contrario!

5. **Acción y Aventura** 🚀 : La energía masculina se expresa en la búsqueda de nuevas experiencias, como viajes o deportes extremos. ¡Es esa chispa que te lleva a saltar en paracaídas o salir a conquistar el mundo!

INVERSIONES DE ENERGÍAS: CUANDO LA FEMENINA SE VUELVE MASCULINA Y VICEVERSA

1. **Sobreprotección en lugar de Cuidado:** La energía femenina puede volverse excesivamente protectora, haciendo que se convierta en una madre "en modo helicóptero" en vez de permitir que otros aprendan por sí mismos.

2. **Creatividad Despersonalizada:** En lugar de seguir nuestra intuición creativa, muchas veces las mujeres se ven atrapadas en "modas" externas, perdiendo su autenticidad en busca de la aprobación social, lo cual desplaza su energía femenina.

3. **Emociones Suprimidas:** A veces, en un intento de ser más "firme", muchas mujeres reprimen su energía femenina y su empatía, lo que puede llevar a desconexiones emocionales y problemas de comunicación.

4. **Competitividad Desmedida:** Ante la presión, la energía femenina se puede volver agresiva, transformándose en competencia destructiva en lugar de apoyo y colaboración. ¡Damas, somos aliadas, no rivales!

5. **Falta de Autocuidado:** Al enfocarse demasiado en la toma de decisiones rápidas y en la acción constante, muchas mujeres pueden descuidar su bienestar emocional y espiritual, olvidándose de recargar sus baterías.

En este juego de energías, el truco está en encontrar el equilibrio perfecto. ¡Así que, vengan esas reinas del empoderamiento! Abracemos cada aspecto de nuestras energías y hagamos magia, porque cuando manifestamos nuestras energies de manera sabia, ¡realmente conquistamos el mundo! 🌑 ✨ 💜

¡Aquí van unos ejercicios prácticos y divertidos para ayudarnos a identificar y equilibrar esas energías en nuestras vidas! ¡Ponte lista esta semana, que esto promete!

Ejercicio 1: El Inventario de Energías

1. Toma papel y lápiz (o tu app favorita de notas, porque #digitalwomen).

2. Dibuja una línea en el medio de la página y etiqueta la parte izquierda como "Energía Femenina" y la derecha como "Energía Masculina".

Escribe características, acciones y pensamientos que consideres que posees en cada categoría. Ejemplos:
o   Femenina: Empatía, creatividad, cuidado.
o   Masculina: Toma de decisiones, ambición, dirección.

3. Reflexiona sobre si te sientes más inclinada hacia uno de los lados.

Ejercicio 2: El Diario de las Emociones

1. Durante una semana, lleva un registro donde notes momentos clave del día en los que sientas que una energía predomina. Claramente lo anotarás en un momento tranquilo del día, no sé, tal vez necesitas un check ou en tu hora de almuerzo, si tu día te exige mucha atención. Es solo una semana. Tú puedes.!

2. ¿Tuviste una conversación empática y emocional? Anótalo como un momento de energía femenina.

3. ¿Tomaste una decisión audaz en el trabajo? Regístralo como un momento masculino.

3. Al final de la semana, evalúa si hay un desequilibrio y qué momentos te gustaría equilibrar.

Ejercicio 3: Plan de Acción – Creando tu Agenda de Equilibrio

1. Con base en los resultados de tus ejercicios anteriores, haz una lista de las áreas donde deseas mejorar la integración.

2. Establece al menos una acción cada 2 días para fortalecer la energía menos presente. Por ejemplo:
o Si la energía femenina está baja: Programa un día de creatividad, como un día de dibujos, a escribir un

poema, párrafo lindo de lo que sea o para quien sea, o un taller Fancy de pintura si te da el bolsillo. No excluyente.

o Si la energía masculina necesita un impulso: Participa en un seminario de liderazgo en youtube, en vivo, lee algo sobre lecciones de finanzas o establece el plan de un objetivo claro y detallado paso por paso para la próxima semana, lo que te haga falta.

3. Recuerda hacerlo como un compromiso personal y celebrar los logros pequeños pero significativos.

Ejercicio 4: Refuerzo Positivo – Ritual de Afirmaciones

1. Escribe afirmaciones que muestren el equilibrio que deseas alcanzar:
o Ejemplo para la energía femenina: "Soy creativa y me permito cuidar de mí y de los demás."
o Ejemplo para la energía masculina: "Soy fuerte y capaz de tomar decisiones que llevan al éxito."

2. Repite estas afirmaciones cada mañana durante esta semana frente al espejo. Hazlo con actitud y una sonrisa (¡tu reflejo merece esa energía!).

Ejercicio 5: La Rueda de las Energías para el final de la semana

1. Imagina una rueda dividida en partes iguales donde cada sección representa un área de tu vida: trabajo, relaciones, salud, creatividad, etc.

2. Evalúa en cada área que energía predomina: femenina, masculina o un balance de ambas.

3. Colorea las secciones de acuerdo con tu evaluación. Hazlo visual y divertido.

4. Enfócate en las áreas donde el color está opaco y establece pequeñas metas para darles vida y energía.

¡Y ahí lo tienes! Con estos ejercicios, podrás descubrir qué energía está al volante en tu vida y cómo empezar a integrar esas que aún te faltan.

Porque, al final, estamos generando realidades y esto se trata de ser la conductora de tu propio viaje, ¡Así que a hacerlo con estilo! 🚀 🖤 ✨

EL DINERO EN SU EXPRESIÓN FEMENINA: LA CREATIVA SABIA

La energía femenina del dinero se manifiesta en la manera en la que fluye y cambia de manos como una danza armónica. Es intuitiva, adaptable y siempre buscando nuevas maneras de ser canalizada hacia el crecimiento personal y comunitario.

1. **Abundancia como un Jardín** : La expresión femenina del dinero cultiva y nutre oportunidades de crecimiento a largo plazo, como plantar semillas para un futuro fructífero. Piensa en inversiones que beneficien a generaciones venideras, a comunidades enteras.

2. **Colaboración y Cuidado** : En proyectos como educación, salud y bienestar, el dinero femenino busca elevar y apoyar, funcionando como un recurso que conecta a las personas y promueve el bienestar colectivo.

3. **Intuición Empresarial** : La energía femenina se inclina por ideas innovadoras, creativas y emocionalmente gratificantes. Este aspecto no le teme a las causas sociales y a las startups que inspiran a toda una comunidad.

Vamos a imaginar cómo el dinero podría personificarse en sus formas femenina y masculina.

Así lo dejamos clarísimo como un gin tonic en un rooftop de Miami..

En la gran pasarela del mundo financiero, el dinero desfila en dos fabulosos atuendos: su versión femenina, que es la gurú de la creatividad y el bienestar, y su contraparte masculina, que va de traje, siempre listo para conquistar el siguiente objetivo en la lista. La energía femenina del dinero es como esa amiga sabia que siempre tiene las mejores ideas para repartir riqueza de manera intuitiva y creativa, mientras que la masculina es el tipo serio que insiste en asegurarse de que cada centavo tiene un propósito y un plan de futuro.

Entre el arte de hacer florecer oportunidades y la estrategia de conquistar territorios financieros, encontramos un equilibrio tan elegante que ni siquiera el drama de la alfombra roja del premio Oscar podría opacar. Al juntar estas energías, vamos más allá del simple balance de cuentas: creamos un legado económico con altas dosis de sentido y un poquito de picante.

EL DINERO EN SU EXPRESIÓN MASCULINA: EL ESTRATEGA EFICIENTE

La forma masculina del dinero, por otra parte, es directa, orientada a objetivos y calculada. Está siempre lista para maximizar el valor y dejar su marca en el mundo a través del éxito tangible.

1. **Esfuerzo e Inversión**: Aquí, el dinero se utiliza como una herramienta para lograr metas específicas y concretas, con un enfoque en la eficiencia y el rendimiento; piénsalo como las inversiones en sectores tecnológicos y financieros.

2. **Control y Estabilidad** 🔒 : La energía masculina busca construir imperios y asegurar futuros mediante estructuras sólidas y estables. Las inversiones en bienes raíces, empresas o fondos de reserva son su juego.

3. **Poder y Expansión** 🚀 : La energía masculina está también interesada en el poder que proporciona el dinero. Es aquella que aspira a crecer, tomar riesgos calculados y conquistar nuevos territorios económicos.

Ambas energías, cuando trabajan juntas, representan el equilibrio ideal: la visión estratégica del dinero masculino se complementa maravillosamente con la intuición y el propósito de la energía femenina. Al equilibrar sabiamente estas dos energías en sus finanzas, ¡puedes asegurarte de que tu flujo de dinero no solo es efectivo, sino que también está profundamente conectado con tus valores más altos!

Aquí tienes tres ejercicios vibrantes para identificar cómo se manifiestan tus energías en tu relación con el dinero, ya sea en su forma femenina o masculina, y si están en armonía o distorsionadas. ¡Listas para la acción!

Ejercicio 1: El Mapa de Relaciones con el Dinero 📖 💲

1. Dibuja tu Mapa: Toma un papel y dibuja un gran círculo en el centro, al que llamarás "Relación con el Dinero".
2. Ramas de Energías: A partir del círculo central, dibuja dos ramas. Una para "Energía Femenina" y otra para "Energía Masculina".

3. Anota tus Sentimientos: En cada rama, escribe palabras o frases que describan cómo te sientes con respecto al dinero en relación con cada energía. Por ejemplo:

o   Femenina: "Me gusta gastar en experiencias", "Me siento culpable por disfrutar de gastos".

o   Masculina: "Trabajo duro para ganar", "Necesito tener siempre un ahorro mayor".

4. Reflexiona: ¿Qué rama tiene más palabras? ¿Dónde sientes más armonía o distorsión? Eso te dará pistas sobre con qué energía predominante te relacionas.

Ejercicio 2: La Caja de los Secretos del Dinero

1. Creando tu Caja: Consigue una caja pequeña o un frasco que puedas decorar y llamar "Caja de Secretos del Dinero".

2. Reflexión de la Semana: Durante una semana, cada vez que tengas un pensamiento relacionado con el dinero (gastar, ahorrar, ganar), escribe ese pensamiento en un papelito y colócalo en la caja.

3. Análisis: Al final de la semana, saca los papeles y clasifícalos en dos grupos: pensamientos que reflejan energía femenina (creatividad, relaciones, cuidado) y energía masculina (control, estrategia, acumulación).

4. Observa el Patrón: ¿Hay más pensamientos en un grupo que en otro? ¿Hay algún patrón que sugiera una distorsión en tu relación con el dinero?

Ejercicio 3: El Taller del Dinero: Hacia la Armonía

1. Crea dos Listas: Toma tu cuaderno y dibuja dos columnas. Una columna será "Aspectos Positivos" y la otra "Desafíos" en tu relación con el dinero.
2. Listar las Manifestaciones: En la columna de aspectos positivos, escribe cómo se manifiesta la energía femenina (como compartir, gastar en necesidades, disfrutar sin culpa) y la energía masculina (como ahorrar, tomar decisiones informadas, establecer metas).
3. Desafíos Reveladores: En la columna de desafíos, anota cómo estas energías pueden haberse distorsionado. Por ejemplo:

    o Femenina Distorsionada: "Gasto impulsivamente en cosas no necesarias" o "Siento culpa por comprarme algo bonito".

    o Masculina Distorsionada: "Soy extremadamente tacaña y no disfruto" o "Siento que siempre necesito más dinero para ser feliz".

4. Plan de Acción: Como puedes trasformar los desafíos en oportunidades. Establece un compromiso para equilibrar tus energías hacia el dinero, porque ahora estás lista para crear una lista de paso por paso para tal vez un nuevo emprendimiento, un pago de deudas, una mejor administración del dinero que recibes en tu actual trabajo. ¡Tú puedes hacerlo muy bien genia generadora…!

Con estos ejercicios, podrás descubrir y trabajar en tu relación con el dinero, identificando si está gobernada por energías femeninas o masculinas y si éstas se manifiestan de manera armoniosa o distorsionada. Recuerda, ¡tú eres la arquitecta de tu propia fortuna!

CAPÍTULO 8
¡EL MUNDO ES NUESTRO ESCENARIO!: LA EVOLUCIÓN DE LAS VOCES FEMENINAS EN LA ERA ACTUAL" 🎤 👑
EL EMPODERAMIENTO

¡Hola poderosas! ¡Prepárense para desatar su poder! Hablemos de empoderamiento femenino, ese tema que, sinceramente, debería estar en todas partes como ese perfume que nunca te quitas. Si alguna vez soñaste con gritar al mundo que eres una mujer imparable, ¡este es tu capítulo! En un mundo que a menudo intenta silenciarnos o poner nuestro brillo en un matiz tenue, nos levantamos y nos hacemos escuchar. ¿Y sabes qué? ¡Ya es hora de hacer ruido!

Mujeres como (googleando)Shamsa Araweelo, Justina Miles, Camila Pirelli y Malala Yousafzai no solo han mostrado nuestra fuerza en varias industrias, sino que también nos han enseñado que ser auténticas y audaces no es una opción; es una necesidad. Ellas no se detienen, y tú tampoco deberías hacerlo.

Cada vez que hablas y defiendes tus creencias, estás fortaleciendo no solo tu voz, sino la de todas las mujeres que vienen detrás de ti.

ROMPIENDO BARRERAS: HISTORIAS DE MUJERES INSPIRADORAS

Al compartir nuestras historias, comenzamos a reconocer el poder que hay en nuestra comunidad. Mira a mujeres como Chimamanda Ngozi Adichie, quien nos habla sobre la importancia de contar nuestra propia narrativa. Ella dice: "No hay una historia única. La historia de cada persona es una historia llena de matices". Tu historia cuenta, y no importa si te sientes invisible a veces. ¡Tu viaje y tus luchas son muy reales y valen la pena ser contados!

Recuerda, también, que no tienes que ser una mega estrella para ser empoderada e inspirar a otras mujeres. Cada acción por pequeña que parezca, cuenta. Si hablas en una reunión, si apoyas a una amiga que enfrenta dificultades, tan solo das un cumplido a otra persona o incluso si decides perseguir tu pasión por el yoga, cada paso que das está construyendo un camino para las demás. La fuerza femenina no se mide solo en grandes proezas, sino también en los gestos cotidianos de amor y valentía. No subestimes el poder de una mujer que decide levantarse.

Cómo apoyarte en otras mujeres en tu camino hacia el equilibrio

La sororidad es la clave. No estás sola en este viaje. Aunque a veces podemos caer en la trampa de la competencia, es importante recordar que todas estamos en esta montaña rusa juntas. Nunca, nunca subestimes el impacto que puedes tener al apoyar a otra mujer. Desde mentorías hasta simplemente dar un "me gusta" a su nueva publicación en Instagram, cada pequeño gesto crea una red de apoyo que se vuelve más fuerte con el tiempo. No estás en un concurso de belleza, donde tus talones son armas cargadas. En lugar de empujarnos unas a otras al abismo, ¡Apoyémonos! En un momento en el que el mundo intenta convertirnos en rivales, recuerda que todas estamos en esto juntas. ¡No hay lugar para la negatividad!

EJERCICIO DE EMPODERAMIENTO ENTRE MUJERES:

1. **Crea tu círculo:** Forma un grupo de mujeres en tu vida que estén dispuestas a romper el molde y empoderarse mutuamente. Vamos, arma una "tribu" o un "team" de brujas fabulosas (sin escobas por favor) que lean estas verdades.

2. **Dinámica de apoyo:** Organicen encuentros, sean virtuales o en persona, donde cada una pueda sacar su corazón y compartir sus metas. Anota ideas de fechas para encontrarse ¡Fomenta ese espíritu de apoyo! Y cuando una de ustedes se sienta derrotada, el resto puede volver a decirle: "¡Cálmate nena, tú puedes y lo sabes!".

3. **Celebrando los logros:** ¿Tienes una amiga que acaba de conseguir un ascenso, o que se atrevió a cambiar su estilo de vida? Celebra sus logros y asegúrate de que se sienta como la diosa que es. Planea una salida épica para brindar por esos logros, porque cada pequeña victoria merece ser festejada. ¡Así que sí, sacude esas copas!

4. **Ejercicio de reflexión:** Escriban una carta a sí mismas mencionando sus sueños y aspiraciones, y lo que quieren lograr en el futuro. presenten esas cartas en un círculo y lean en voz alta. Empoderarse mutuamente jamás había sido tan divertido. Y quién sabe, a veces las historias más oscuras se convierten en las más brillantes.

Al final del día, el empoderamiento femenino no es solo un concepto; es una forma de relacionamiento familiar, y tú eres una parte vital de esta familia. Cada paso que tomes, cada vez que levantes la voz y cada vez que apoyes a otra mujer cuenta. No dejes que las dudas o la negatividad te frenen. Recuerda que juntas somos más fuertes, y que las historias compartidas nos unen. Así que, ¡a romper barreras y a brillar!

PORQUE, AL FIN Y AL CABO, ¡LA VIDA ES DEMASIADO CORTA PARA SER MENOS QUE INCREÍBLE!

CAPÍTULO 9
CONSTRUYENDO COMUNIDAD
LA IMPORTANCIA DE RODEARSE DE PERSONAS AFINES

¡Hola guerrera! Bienvenida a uno de los elementos más poderosos en tu viaje hacia esta maravillosa vida material y espiritual: la comunidad.

A veces, la vida se siente como una batalla épica, y ¿qué hay de mejor que tener un grupo de aliadas a tu lado, listas para enfrentarse al mundo juntas? ¡MIRA! Esto no se trata solo de tener amigas para salir de compras; se trata de construir una tribu de mujeres que te levanten y te impulsen a nuevas alturas. ¡No hay nada más poderoso que tener una tribu que te respalde!

Piénsalo así: incluso las superestrellas, como Ariana Grande o Anitta, tienen sus equipos y sus amigas para apoyarlas en el camino. No importa cuán brillante seas, rodearte de personas que compartan tus valores y tus objetivos te permitirá alcanzar resultados que no podrías lograr sola. Así que deja de pensar que tienes que hacerlo todo por tu cuenta. ¡Límpiate el polvo, saca las garras y encuentra esas compañeras de batallas!

CREANDO ESPACIOS DE APOYO Y CRECIMIENTO PARA MUJERES

Aquí va el truco. Cuando juntas a mujeres que buscan crecer, se forma una energía magnética, un espacio seguro donde puedes ser tú misma sin filtros. Así que, si alguna vez te has sentido apretada en un rincón o juzgada por tus decisiones, es momento de ser sumativas y multiplicadoras para crear esos espacios con elevadores.

Sé intencional. Al elegir a las personas que te rodean, busca a aquellas que te inspiren y que se alineen con tu visión. Y yo no te voy a decir que elimines a todas las personas tóxicas de tu vida, peeeeero recuerdas el mantra: "El que no suma, resta"?. ¡Así que, con amor, pero con firmeza, despídete o al menos un hasta pronto más seguido a aquellas que drenan tu energía como si fueran vampiros en una fiesta!

Organiza encuentros. Crea rituales donde puedan compartir historias. Ya sea un brunch mensual, un grupo de lectura o hasta una reunión virtual. ¡Lo importante es que se reúnan, se rían y apoyen mutuamente! La risa tiene un poder increíble para unir a las personas y desquitarse de las penas. No estoy hablando de club de lectura de té y galletas (aunque eso suena divertido, no me malinterpretes). Estoy hablando de crear un espacio donde las mujeres puedan sentarse, hablar de sus logros, compartir esos fracasos tristes o patéticos, y reírse de lo absurdo. ¿Quién mejor que tus amigas para hacerlo?

Promueve la colaboración. Si conoces a una amiga emprendedora, ayúdala a fomentar sus ideas, o si alguna necesita apoyo en medios sociales, ofrécele tu ayuda o solo ayúdala como puedas. Juntas podemos crear muchos espacios de colaboración que nos beneficie a todas. ¡Porque el empoderamiento NO es un deporte solitario!

Celebra los logros. Hagan un pacto de celebrar cada pequeño o gran logro. Desde asistir al gimnasio hasta conseguir un nuevo cliente; cada paso merece ser reconocido. Organícense para tener fiestas de logros. Más que envidias, lo que se necesita es una buena botella de vino y mucho apoyo.

EJERCICIO: CREACIÓN DE TU RED DE PODER

Ahora, vamos a profundizar. Aquí tienes un ejercicio que te llevará a crear esa comunidad poderosa que deseas:

Identificá a tus brujas de confianza: Haz una lista de al menos cinco mujeres en tu vida que te inspiran, ya sea que sean amigas, colegas o incluso figuras públicas que te motiven. Piensa en quienes te hacen sentir cómoda con sus ideales y que tengan un tipo de viaje en común, me refiero a gustos o intereses, como los deportes, el arte, la música, hasta la gastronomía.

Reuniones randoms: Contacta a esas mujeres y propone un encuentro. Un café, una cena o una simple videollamada. Comparte con ellas tu deseo de formar una comunidad de apoyo. A veces, el primer paso es el más difícil, pero vale la pena.

Habla con tus chicas en línea: Si tus amigas están lejos, usa plataformas digitales para crear un grupo de chat o un espacio en redes sociales donde puedan compartir sus logros, desafíos y recursos. ¡El poder de la tecnología es nuestro aliado!

Después de la reunión, evalúa: Después de algunos encuentros en donde puedan hablar de la vida y los negocios, puede ser tan simple como hablar de los dolores de Andres, sii ese que viene cada mes. Jaja hasta como generar dinero on line en nuestros bellos tiempos modernos, tómate el tiempo para preguntar acerca de cómo se sienten las vibras, que podemos hablar para animarnos, estamos sincronizando etapas en nuestras vidas. O hay alguna que está con las pilas agotadas? Pregunta cómo se sienten las demás. La comunicación abierta es clave para el crecimiento.

Recuerda, construir comunidad es un viaje y no un destino. ¡Sé la mujer que inspira a otras! Tu comunidad de apoyo no solo te llevará más lejos, sino que también fortalecerá profundamente tus lazos.

Y si alguna vez te surge la pregunta, "¿qué puedo hacer yo?", recordemos que se necesita solo una chispita para encender una fogata.

Así que, levanta tu copa, brinda por esas mujeres a tu alrededor, y comprométete a apoyarlas. Cada vez que levantes a otra mujer, elevas a todas juntas en esta misión épica que llamamos vida. Porque, al fin y al cabo, cuando las mujeres se apoyan, hacen algo milagroso: ¡se empoderan unas a otras para un mundo mejor!

CAPITULO 10
CAMINOS HACIA EL FUTURO
CÓMO MANTENER EL EQUILIBRIO A LO LARGO DEL TIEMPO

¡Bienvenida a la penúltima parada de este viaje épico, guerrera! Ahora que hemos navegado por todo este océano de empoderamiento, es el momento de patear traseros y posicionarnos hacia el futuro. Te has empoderado, levantado tu voz y abrazado tus verdades. ¡Así que no te detengas ahora!

Las lecciones que has aprendido, desde la Ley del Mentalismo hasta la Ley de Género, no son solo una colección de frases motivadoras. Son herramientas de empowerment. Estas son verdades ancestrales y secretos bien guardados del universo, esperando a que una mujer fabulosa como tú los utilice para hacer algo grande. Este conocimiento NO ha sido presentado nunca antes para nosotras las mujeres. Y no quiero ponerme conspiranoica peeeero esto se enseñaba en otras organizaciones masculinas. Así que no te quedes ahí; agárralo y muéstrale al mundo lo que una mujer tiene en su arsenal.

EL TRABAJO ES DE TODOS LOS BENDITOS DÍAS.

El desarrollo personal que anhelamos tanto es como ese gimnasio en el que debes entrenar todos los días del año, porque el universo es un entrenador personal bastante creativo y duro. Justo cuando crees que te has aprendido todos los pasos de baile, ¡bam!, te lanza una coreografía nueva para ver si de verdad sabes moverte al ritmo de la vida. Así que, ponte tus tennis de resiliencia, porque cada instante es una oportunidad para flexionar esos músculos mentales y demostrarle al cosmos que estamos listas para lo que sea, con un guiño y una sonrisa. 💪 ✨ 🏃 .

Leer este libro varias veces

Dame un "hell yes!" si estás lista para estudiar y leer este libro no una, ni dos veces, sino tantas como quieras. Cada vez que lo vuelvas a abrir, vas a encontrar nuevas capas de poderes ocultos. Las leyes del Kybalion son como un buen vino, se vuelven más profundas y complejas con cada sorbo. Así que conviértelo en tu ritual personal; devóralo, subraya cada palabra, y discútelo con tus amigas como si fueran conspiradoras de grandes maravillosos planes. Este conocimiento es tu espada, y con él, ¡puedes cortar cualquier cosa que intente frenarte! Y no sólo lo guardes para ti; comparte este tesoro con tus amigas que también necesitan esa dosis de poder y energía.

Pero, seamos honestas, no se trata solo de leer y esperar que los milagros sucedan. Se trata de tomar ese conocimiento y actuar, sin miedo. Esto no es solo lectura, querida; esto es acción. Este es tu poder crudo y real en la formación. ¡Sé la chica que crea su propio destino!

REFLEXIONES FINALES SOBRE EL VIAJE PERSONAL

A medida que avanzas en este nuevo capítulo de tu vida, recuerda que esto es solo el comienzo. Has aprendido que puedes tener ambición y espiritualidad, que puedes elevar tu energía emocional, que las polaridades son parte del juego, y que el apoyo entre mujeres transforma todo. ¡Así que no te detengas! Si la vida te lanza limones, adivina que.! Tienes la decisión así que ¡haz limonada o también margaritas!

Cuando enfrentes obstáculos, respira hondo y recuerda que esas leyes, esa sabiduría, son tus aliadas. Hazles una seña de "¿quién es la jefa aquí?" y sigue avanzando. Si alguna vez sientes que estás fuera de lugar, vuelve a este libro, recarga tu energía y haz que esa furia creativa te propulse de regreso.

MENSAJE FINAL PARA CONTINUAR EN EL CAMINO

Escucha chica: eres una fuerza poderosa, y el futuro es tuyo para pintarlo y dibujarlo, abrazar tu equilibrio, desafiar las expectativas y vivir bajo tus propias reglas son solo el comienzo de un viaje espectacular. ¡No dejes que nada, ni nadie, trate de disminuir tu brillo!

Así que levanta esa cabeza, lánzate hacia adelante y toma el control de tu propia narrativa. Créeme, la única persona que puede crear tu vida tal como la deseas eres TÚ. Y cuando lo hagas, ¡ese será el momento en que el universo entero se dé cuenta de que has llegado y que no vas a ninguna parte! Y cada paso que des es un grito en el universo: AQUÍ ESTOY, y no voy a ocultarme más.

Así que sigue adelante, vive a tope, ríe hasta que duela y brilla como la estrella que eres. Este viaje nunca termina; simplemente se transforma en algo aún más épico.

¡Vamos a romper esquemas y hacer ruido! Porque, al final del día, lo que importa es que lo hagas a tu manera. ¡Aquí estamos, y es hora de hacer que se vea y escuche nuestra luz de frecuencias!

CAPÍTULO 11
RECURSOS ADICIONALES
HERRAMIENTAS Y MATERIALES QUE ME HAN ACOMPAÑADO

¡Y acá nos vamos despidiendo guerrera!

Ahora que has armado tu arsenal de empoderamiento con las leyes del Kybalion, es hora de cargar más balas en la recámara. En este capítulo, vamos a hablar sobre recursos adicionales que puedes usar para seguir impulsando tu viaje de autodescubrimiento y empoderamiento.

Son prácticamente las bases de mi inspiración para este iluminador material y son solo algunos los que ahora tengo en mente y no podía quedarme sin recomendártelos, aunque no me paguen ninguna publicidad, además estoy segura de que habrás visto hasta memes con algunos de estos personajes, y otros tal vez te suenen(tú puedes colaborarme, con tus comentarios en redes sociales sobre otros materiales, y personas de interés que nos suman a todas). Porque seamos realistas, algunos leen libros, ven videos, escuchan podcast, pero lo que realmente importa es que mantengas esa información en tu cabecita y en tu día a día.

1. LIBROS PODEROSOS:

o   "El Kybalion" de Hermes Trismegisto: Si buscas encender la chispa de tu propio viaje de autodescubrimiento, "El Kybalion" es la fuente de sabiduría que necesitas en tu vida. Este libro es una de las piedras angulares que inspira esta obra, guiándonos a través de los misterios del universo con verdades herméticas que te harán sentir como una alquimista moderna. Que como dice su nombre es una sabiduría hermética o sea oculta. Prepárate para sumergirte en sus principios y descubrir cómo convertirte en la arquitecta maestra de tu propio destino. ¡Que empiece la magia!

o   "You Are a Badass" de Jen Sincero: Este es un gran empujoncito que te dejará lista para conquistar el mundo. Lleno de energía y malas palabras, te ayudará a abrazar tu grandeza.

o   "La Voz de Tú Alma" de Lain Garcia: Si buscas una guía que hable directamente a lo más profundo de ti, "La Voz de Tu Alma" de Lain García es tu faro iluminador. Este libro me ha inspirado a mirar dentro de mi corazón, enseñándonos a alinear nuestros sueños con la vibración del universo, como si Lain fuese el mejor amigo que comparte los secretos del cosmos en una charla de café. Prepárate para activar tu poder interior y transformar tus deseos en realidades tangibles. ¡Es hora de amplificar la voz de tu alma y dejar que tu luz brille sin límites!

o   "It Didn't Start with You" de Mark Wolynn: Es una lectura imperdible para explorar cómo las herencias familiares impactan nuestras vidas, ofreciendo herramientas para sanar patrones emocionales y volver al equilibrio. Descubre la liberación que acompaña a entender que no todos nuestros problemas comenzaron con nosotros.

o "El poder del ahora" de Eckhart Tolle: Si no has leído este clásico, ¿en serio estás viviendo en el siglo XXI? Tolle te dará una lección de vida sobre cómo estar presente en cada momento y dejar de lado esas sillitas de auto-compasión.

2. PODCAST Y AUDIOVISUALES:

o "SEMINARIO FENIX" de Brian Tracy: Si quieres una dosis de motivación e inspiración, busca en YouTube es una joya que no puedes dejar pasar. Aunque algunos conceptos pueden sonar un poco retro para esta modernidad actual, eran los 90´s así que solo necesitas comprenderlo ya que la sabiduría que ofrece sigue siendo un espectáculo transformador. Con más de 10 horas de contenido, te sugiero que lo dividas en partes, disfrutando cada sesión y repitiendo las ideas clave para absorber todas las lecciones. Prepárate para ir de destruida entre tus cenizas a renacer y elevar tu vida por los cielos pajarita

o "Mujer Financiera": Sí, lo has leído bien. Este podcast es todo sobre invertir, ahorrar, y que las finanzas sean a piece of cake, ayudando a miles de mujeres con su comunidad a fortalecer los conocimientos en este ámbito de la vida. Date una vuelta por sus episodios en Spotify porque de esto se trata una Mujer Material.!

o   La Diferencia entre "HABLAR" y "COMUNICAR" La comunicación asertiva de Mario Alonso Puig: Uno de mis ídolos personales. En este inspirador video podcast en youtube y seguro en Spotify también, Mario desglosa el arte de la comunicación asertiva y nos muestra cómo nuestras palabras pueden tener un profundo impacto en nuestras relaciones y entorno. Su perspectiva única y motivadora me ha inspirado a mejorar mis propias habilidades de comunicación (aunque como podrán notar no a su nivel, Lol) y a comprender la importancia de conectar auténticamente con los demás. ¡Prepárate para transformar la manera en que te expresas y dejar esa ogra mal expresada atrás! 🎤 💜 ✨

o   En Todo Ser Humano hay Grandeza: también de Mario Alonso Puig ya no te voy a decir nada sobre él, pero todo ser humano debería escuchar esto.

o   Metafísica 4 en 1 de Conny Méndez: esa sabia que podría haber sido la yoda de nuestras vidas, nos regala en "Metafísica 4 en 1" un manual de vida que es como una poción mágica para el alma. Prepárate para sumergirte en enseñanzas que transforman lo cotidiano en extraordinario; porque, seamos sinceras, ¿quién no quiere un poco de sabiduría celestial con un toque de glamour? ✨ 📚 💜 y sí, es un libro, pero también puedes escucharlo en Spotify

o   Yokoy Kenji: Si buscas la perfecta fusión entre la sabiduría oriental y el vibrante espíritu latino, Yokoi Kenji es tu gurú personal. Con su forma única de mezclar lo mejor de ambas culturas, Kenji te mostrará cómo alcanzar un equilibrio zen en medio del ritmo alegre de la vida latina. Ya se trate de armonizar la vida familiar con el trabajo o de encontrar sentido en el ajetreo diario, sus enseñanzas son el puente hacia una existencia más plena y feliz. Prepárate para una transformación que te hará danzar al compás de una vida equilibrada y satisfactoria.

o   La Pareja y Los Negocios, Nilda Chiaraviglio. en YouTube. En él, Nilda comparte una perspectiva valiosa sobre cómo equilibrar las relaciones personales y los negocios, ofreciendo consejos prácticos y profundos sobre la dinámica entre pareja y trabajo. Es una excelente manera de aprender a navegar esos desafíos y convertir la relación en un equipo fuerte y exitoso. Además, me gusta mucho la manera que aborda la igualdad entre las personas y la responsabilidad con la que ella remarca, que debemos manejar nuestras emociones y broncas internas para olvidarte de que eres una vístima.

o   The secret, dare to dream (el secreto, atrévete a soñar, la película): Prepárate para encender tu motivación con "El Secreto: Atrévete a Soñar", la película que transforma visiones en realidades. Basada en el fenómeno mundial, esta cinta te invita a explorar el poder del pensamiento positivo y cómo tus sueños, por audaces que sean, pueden convertirse en parte de tu vida diaria. Si necesitas un recordatorio de que el universo tiene tu espalda, esta película es el empujón perfecto para que te atrevas a soñar en grande y convertir lo imposible en posible.

o   Se Regalan Dudas: Aaaa mis queridas Lety y Ash.! Ese lugarcito en donde pláticas con amigas y terminas encontrando las herramientas para darle la vuelta a la vida y conectar con todas tus dudas. Miles de temas, miles de invitados, muchísimos capítulos en youtube y en Spotify.

o   Coral Mujaes: Si buscas un canal de YouTube o Instagram que recargue de pilas para tu camino hacia el empoderamiento, te super recomiendo todo el contenido de Coral Mujaes, es una joya imperdible. Con su mezcla de sabiduría espiritual y consejos prácticos para el crecimiento financiero, Coral nos recuerda que cada mujer es una fuerza imparable del universo y que la fortaleza mental, emocional y espiritual es el éxito y la cima del desarrollo personal.

En youtube podes buscar también:

Fuerza mental: Construye RIQUEZA, DISCIPLINA y NEGOCIOS. Coral Mujaes, para que la conozcas sin filtro en el canal de Jorge Serratos. Otro canalazo.!

o   Sinergéticos 1+1:3 Jorge Serratos: Si quieres combinar el arte del desarrollo personal con estrategias para generar ingresos, el canal de Jorge Serratos en YouTube y Spotify es tu destino. Jorge te ofrece un plan de sinergia para combinar todas las áreas de la vida y crear realidades más allá de nuestra mente, que no solo ilumina el camino para ganar dinero, sino que también mejora tus relaciones, todo con un enfoque integral y práctico. Sus programas y sus invitados te harán sentir como un emprendedor iluminado listo para conquistar el mundo, ¡así que pon atención y prepárate para crecer en todas las áreas de tu vida!

o   Carla Con Wifi: Ella no solo brilla con su carisma, sino que también comparte estrategias valiosas sobre cómo ganar dinero online mientras viaja por el mundo. Si deseas transformar tus horas en el sofá en dólares, sus consejos son como un mapa del tesoro digital. Prepárate para aprender a monetizar tu pasión y a navegar por el mundo de los ingresos en línea con su estilo audaz y divertido. ¡Es hora de hacer que tu cuenta bancaria brille tanto como tú! 💎 💜 ✨

o   Libertad virtual: ¿Lista para convertirte en una titanesa de los negocios en Amazon? Paco de Libertad Virtual es tu mentor si tienes el espíritu emprendedor y algo de capital preparado para despegar. Paco te guía paso a paso en el fascinante mundo de Amazon FBA, compartiendo estrategias que te harán brillar en el comercio electrónico. Si estás lista para que tu cuenta bancaria vibre tanto como tú, dale play en youtube y otras redes sociales a sus enseñanzas y prepárate para conquistar el mercado global con la confianza de una verdadera reina del emprendimiento. 👍 📦 ✨

o   Geralconfieza: Si alguna vez has considerado la lejanísima posibilidad de lanzar un libro y presentarte a la sociedad como escritora famosa como a mí, déjame jurarte que eso ya no es imposible como antes y Geral Confiesa en YouTube y otras redes sociales es tu aliado perfecto. Especialista en Amazon KDP, Geral te ofrece guías prácticas y cursos detallados para que conviertas tus ideas en una obra maestra. Con su conocimiento en herramientas de IA y todo lo necesario para una autopublicación atravez de amazon, no solo dominarás el arte de la publicación, sino que también podrás compartir tus fascinantes historias con el mundo generando dinero y expresando tu creatividad. Así que, ¡prepárate para ser la próxima autora estrella y llevar tus sueños creativos más allá! 📚 ✨ 💧

o   Ori Digital. Si buscas una mina de oro en el mundo digital, el canal de Ori en YouTube es como tu brújula para descubrir oportunidades imperdibles. Desde freelancers hasta ganar dinero viendo videos (¡sí, así de facil como suena!), Ori Digital te ofrece todas las herramientas y las noticias de nuevas opciones para adentrarte en el vasto océano de los negocios online. Pero ojo, la verdadera magia ocurre cuando tomas esta información y haces algo importante con ella. Porque transformar oportunidades en logros es un arte, y tú eres la artista al mando de tu propio lienzo digital. 🎨 🖼️ ✨

o   Emprendehoy: Si de verdad estás lista para dar el salto grande al mundo de los negocios, entonces Juandispira y su plataforma Emprende Hoy en todas las redes sociales, es donde debes estar. Esto no es para las que solo buscan la aventura de un día o probar un emprendimiento; ¡es para las que tienen el alma y la mente firmemente ancladas en la seriedad de construir un negocio real y rentable! Su plataforma con su curso saladito pero poderoso te llevará a mejorar tu crédito a niveles extraordinarios en Estados Unidos y a aplicar para créditos corporativos como la auténtica empresaria que sabes que eres y estar entre las verdaderas ligas mayores.

Y no te olvides: no está solo en este viaje, Así como coral Mujaes , Juan es discípulo de Tony Robbins, así que el power aquí es de verdad chicas. ¡Es hora de tomar las riendas y dejar de pensar en sueños! ¡Es momento de hacer que las cosas sucedan! 👊 💰 ✨

o   Mia Astral: ahora vamos a recomendar a una astrologa por que como es arriba es abajo, Mia Astral. ella te da los tips de la vida para que lo entiendas bien bien clarito con ideas del ahora, que como le vas a sentir al mercurio retro, que si estas con ganas de pelear tal vez marte tiene por ahí alguna cuestión por eso anda empujándote a la acción, o las lunas nuevas especiales para iniciar proyectos o ideas. No estamos hablando de tarot, la astrología es ciencia real. Así que déjate amar y guiar de vez en cuando por las estrellas.

o   Astrología Terapéutica: Con la maravishosa y carismática Felicitas Cavo, una genia astral en lo que se refiere a mapas astrales o lo que es lo mismo: carta natal. Ella te desnuda y te deja todos los trapitos sucios al sol en una sola sesión con la ayuda de la ubicación de los astros en el momento de tu nacimiento, todo esto para observarlos desde un punto de vista diferente y a sanarlos con diferentes técnicas terapéuticas para el alma y desbloquear esa locura ancestral que nos viene colgado en el alma como piercing de ombligo.

3.   GRUPOS Y COMUNIDADES

o   Meetup.com: Encuentra grupos locales que compartan tus intereses. No hay nada como rodearse de mujeres que piensan igual y que están listas para formar un ejército de empoderamiento.

o   Redes Sociales: Únete (o crea) plataformas donde puedas encontrar apoyo. Sigue a emprendedoras y todo aquel que te inspire. ¡Conéctate!

Tu viaje está en buenos pasos.

Así que ahí lo tienes, mi lista de herramientas para continuar este camino de auto empoderamiento, autoconocimiento y crecimiento económico, por supuesto que hay muchos más. Pero estos son algunos de los que yo he consumido, y que me han acompañado en estas largas y estresantes épocas de desarrollo personal. Porque lo más horrendo de la vida es cuando te das cuenta de que todo lo que aprendiste en la escuela o en la universidad en realidad no te ayuda a vivir como te gustaría, sino como a otros les gusta.

Recuerda, los recursos son solo eso: recursos. Tienes el poder dentro de ti para crear la vida que deseas. Aprovéchalos a todos esos creadores de materiales ya sean escritores o creadores de contenido, o lo que sea que puedas seguir y haz que el conocimiento con que te nutres trabaje para ti, porque este viaje es tuyo.

La próxima vez que te sientas poco inspirada, abre cualquier página de este libro y recuerda todo lo que has aprendido y todas las herramientas poderosas que tienes disponibles. Da un paso atrás, respira hondo y repítelo:

¡Soy la jefa! ¡El mundo y yo cocreamos bienestar para mí y todos los que me rodean!

POR QUE

LO QUE CAMBIAS,

¡ES LO QUE PROCLAMAS!

Y SI NO LO CAMBIAS, LO ELIGES.

CONCLUSIÓN

Esto ha sido todo, y ya no quiero que andes por debajo de las sábanas quejándote de la vida. ¡Es hora de levantarte y pegarte en el pecho porque eres una guerrera de primer nivel!

Ya basta de esa mentalidad de víctima, ¿de acuerdo? Te he revelado de la manera más natural que puedo las leyes del Kybalion y tienes el arsenal que necesitas para conquistar cada rincón de tu vida. Quejarse no es una opción; ¡la acción lo es! Así que sacúdete, levanta esa cabeza y deja que el mundo vea a la mujer increíble que eres.

Y mientras te recuperas de esto y te preparas para conquistar el día, quiero que recuerdes esto: nos veremos en un próximo libro donde no solo hablaremos de sueños, ¡sino de $$$, honey! Sí, sí, sí, herramientas reales para ganar dinero. ¡Vamos a hacer business, giiiirl! Porque no solo queremos sentirnos empoderadas; queremos también engordar esas billeteras.

Forma parte de esta comunidad que hemos comenzado, y asegúrate de andar entre mujeres que no solo hablan de sueños, sino que los convierten en realidades. Porque la vida no espera, y ya es hora de que tú tampoco lo hagas.

Sigue creando conexiones, comparte tus éxitos y nunca dejes que nadie te haga sentir menos. Eres una fuerza de la naturaleza, y ahora es el momento de aprovechar todo ese poder.

Recuerda, el verdadero empoderamiento empieza desde adentro y se irradia al mundo. Así que salta a la acción, mantente firme y ¡despierta el fuego que llevas dentro! Este es solo el principio, y el mundo está listo para verte brillar.

¡Vamos a hacer que la historia se escriba de nuevo, con nuevo título y más acción mi bella poderosa!

BIOGRAFIA

Soy Diana Helena Paiva, soy más que una escritora, diría una estrella escondida entre muchas galaxias, una voz vibrante dedicada a cambiar la percepción de las mujeres y el mundo.

Nací en un hogar humilde de Paraguay en 1995, en una época con muchos restos de machismo posguerra que provenía de la crianza de las madres y abuelas.

Mi madre adorada tan religiosa soñaba con estudiar y trabajar siendo profesional, pero la vida le propuso otros planes. Mi padre arriero honesto, muy luchador. Nunca faltaron las demostraciones de cariño de parte de ambos. Pero mi héroe, mi papito falleció cuando yo tenía 8 años, dejando a mi madre y mi hermano mayor de apenas 23 años a cargo de mí y mi hermano menor con solo 6 años. Esa triste y desolada fase fue especial para reforzarle a mamá todas las creencias de pobreza que vivió en su infancia.

Pero para mí, esa nunca fue la realidad. Así que, si acaso fue una pesadilla, me sacudí el polvo y decidí lanzarme al mundo en búsqueda de soluciones, todas las posibles. Muy curiosa con gustos por la música, el baile, la química, la gastronomía y por su puesto los negocios, me tiraron a la literatura en donde encontré un propósito mayor: inspirar a más mujeres a vivir exitosa y auténticamente desde la espiritualidad.

Con dos carreras universitarias a medio terminar —una en química industrial y otra en ingeniería comercial— la vida empezó a pedirme resultados. Mientras luchaba entre estudios y trabajos, monté mi primer negocio de gastronomía. Pero, por supuesto, todo no funcionó como un reloj suizo.

Desde que salí de casa e mi madre la metafísica había tocado mi puerta en varias ocasiones, y ya llevo diez años explorando el poder del autoconocimiento y las filosofías metafísicas, siempre con el empoderamiento femenino en el corazón y la mente. Atravez de talleres, conferencias, libros, mi propia práctica y experiencia he forjado estas ideas, recordándome y recordándote que somos capaces siempre de alcanzar nuestra grandeza.

Además de mis emprendimientos, disfruto de producir y tocar música, el pole dance, pasar tiempo con mi esposo que llegó a mi vida para confirmar todas las ideas de este libro; Reunirme con mi familia y amigos también es siempre una fiesta improvisada que hay que festejar con un buen bailongo.

Con un natural tono irónico y algún toque de humor, he abierto un camino al desarrollo personal, económico y al empoderamiento femenino, que no tiene por qué ser una religión. Aquí somos es familia.

Y estoy loca por saber a donde nos lleva esta aventura mágica!

Made in the USA
Middletown, DE
13 March 2025